Die Unheilige Allianz

Rupert Riedl

Die Unheilige Allianz

Bildungsverluste zwischen Forschung und Wirtschaft

Bibliografische Information Der Deutschen Bibliothek
Die Deutsche Bibliothek verzeichnet diese Publikation in der Deutschen
Nationalbibliografie; detaillierte bibliografische Daten sind im Internet über
http://dnb.ddb.de abrufbar.

© 2004 WUV Universitätsverlag
Facultas Verlags- und Buchhandels AG
Berggasse 5, A-1090 Wien
Alle Rechte vorbehalten

Lektorat: Christina Kleiser
Umschlaggestaltung: A&H Haller
Druck: Facultas AG
Printed in Austria
ISBN 3-85114-859-6

Vorwort

Es ist wohl immer Hingabe, wenn man schreibt und zudem noch erwarten möchte, gelesen zu werden. Es kann aber auch Unruhe sein. Ich bekenne das sogleich ein, jene Beunruhigung, die sich einstellt, wenn man Zeitläuften auf ihre Schliche kommt: Entwicklungen, die mit sich bringen, dass eine Unzahl wohlmeinender Menschen, aus dem Heer der Wissenschaftler wie dem der Wirtschaftstreibenden, in kollektiven Selbstverständlichkeiten schwelgt und mit all dem gut Gemeinten der Zukunft ihrer Mitmenschen und schließlich sich selbst und ihren Familien schadet.

Die Unheilige Allianz ist jene, zwischen einigen Wissenschaften und Wirtschaftsformen entstanden, die sich nun anschickt, das wichtigste Korrektiv einer Kultur, nämlich Bildung, zu verdrängen. Um diesen Vorgang nachvollziehen zu können, muss der Text einen Abriss aus unserer Wissenschafts-, Wirtschafts- und Bildungsgeschichte geben. Ich will diesen Teil so knapp wie möglich halten.

Den Gegenstand, den ich vorstelle – das Abhängigkeitsverhältnis von Wissenschaft, Wirtschaft und Bildung –, soll man nach seinen Schlüsselstellen von drei Seiten sehen: (1) Zur Orientierung stelle ich in groben Zügen den einschlägigen Teil unserer europäischen Kulturgeschichte voran; es gilt, die Entwicklung des Zusammenhangs von Wissenschaft, Interessen und Bildung zu illustrieren. (2) Daraufhin ist vorzuführen, welchen Einfluss der Zeitgeist auf die Forschung heute nimmt, (3) um mit der Beantwortung der Frage zu schließen, wie sich die beeinflusste Forschung auf Wirtschaft und Politik auswirkt.

Zu Beginn hoffe ich, den Leser mit einem Thema zu locken, das als Grundlage unserer Kultur immer noch bewundernswert ist. Im zweiten Teil kann es schon ungemütlicher werden, um schließlich im dritten Teil gegen einen Irrlauf zu wappnen, der aufgrund von gesellschaftlichen Verkappungen, Unterminierungen und ‚Abschusslisten' so geworden ist, wie er sich gegenwärtig zuträgt.

Das wesentlichste Korrektiv, das uns gegen diesen Irrlauf bleibt, ist Bildung. Es kommt darauf an, die Gefahr einzubremsen, sodass dieses Gut zwischen Forschungspraxis und Wirtschaftsinteressen nicht zerrieben wird. Und eben solche Einsicht ist nur durch Bildung möglich.

Ich möchte mir wünschen, jenen, die diese Unheilige Allianz antreiben, die von ihnen begangenen Fehler klarzumachen. Und wenn das nicht gelingt, so soll doch den Lernbereiten unserer Gesellschaft ein Einblick gewährt werden, um zu unser aller Schutz eine Opposition zu bilden: gegen den Unfug, der sich ausbreitet.

Dem Kulturamt der Stadt Wien und dem Club of Vienna danke ich für Förderungen und Frau Dr. Maria Holzmann für die Hilfe bei der Zusammenstellung der Dokumente und der Literatur.

Wien, im Mai 2004

Rupert Riedl

6

Inhaltsverzeichnis

1 Forschungsförderung und Interessen 9
   a) Das Werden gelehrter Forschung und Lehre 9
   b) Das Werden der Universitäten 15
   c) Der Wandel mit der Aufklärung 24
   d) Der Wandel mit der Industrialisierung 28
   e) Forschungsförderung und Industrie heute 42

2 Einfluss auf eine Forschung des Machbaren 47
   a) Über Ausbildung und Bildung 47
   b) Die Zerteilung der Wissenschaften 52
   c) Widersprüchliche Paradigmen 57
   d) Reduktion, Emergenz, Holismus, Historizität 63
   e) Interdisziplinarität 68
   f) Im Rückblick 71

3 Legitimationen für Politik und Wirtschaft 79
   a) Die Einflüsse heute 79
   b) Um wessen Interessen geht es? 85
   c) Verleitete Intelligenz 92
   d) Immer schon ist eingegriffen worden 95

Anmerkungen, Notizen und Fragmente 98
Literaturverzeichnis 120
Neue Medien 125

1 Forschungsförderung, Bildung und Interessen

Die Geschichte unserer Bildung und unseres Weltbildes ließe sich als Abenteuergeschichte schreiben, auch als Heldenepos. Und sie verdient es, denn sie kann an einer langen Reihe bewundernswerter Geister, Condottieri und Märtyrer festgemacht werden. Auf das Heer der mitwirkenden Angsthasen, Verkappten und Konformisten, auf das ganze Spiel der Wahrheitsfindung durch Mehrheiten meinte man, dabei vergessen zu können. Als „Verwirrspiel der Kulturbremser" könnte man unsere Bildungsgeschichte also auch schreiben.

Hier kommt es mir darauf an – das Fernrohr gewissermaßen umgedreht – zu zeigen, wie die Geschichte im Ganzen angetrieben und manipuliert wird, wo mit Met oder Bordeaux oder doch nur mit Wasser, beispielsweise Wiener Wasser, gekocht wird.

Es geht um den Einfluss der Interessen, darum, wie in jeder Zeit die vorherrschenden Absichten auf Forschung und Bildung gewirkt haben. Was die repräsentativen Institutionen betrifft, so halte ich mich zunächst an die Geschichte der Universitäten. Es gibt zwar keinen verlässlichen Zusammenhang zwischen Bildungs- und Universitätsniveau, aber in Form eines Lehrpfades könnte man doch bei einigen Merkwürdigkeiten ansetzen.

In der geplanten Kürze beschränke ich mich auf die Beschreibung jener Erbschaften und Hypotheken, die uns die Bildungsgeschichte eingebracht hat: Höhenflügen und Bruchlandungen. Dies, um verstehbar zu machen, wie sich die wunderliche Situation entwickeln konnte, in der wir uns heute befinden.

a) Das Werden gelehrter Forschung und Lehre

Wenn man sich über das Werden von Forschung und Bildung, wie sie heute die Welt überziehen, Sorgen macht, kann man getrost von Europa ausgehen. Keine aus einem anderen Kontinent stammende Forschung hat sich so breit gemacht. Und es ist schade, dass die For-

9

schung und Bildung Chinas oder Indiens völlig unter ‚unsere Räder‘ kamen. Also beginnt man mit den Griechen.

Allen Anfang machte *fahrendes Volk*, machten Sänger und Vortragende wie die ‚Homeriden‘, die ganze Epen aus dem Gedächtnis deklamierten. Ihren Obolus erhielten sie von ihren Zuhörern. Fast alle Künste zählten zu dieser Kategorie. Man könnte meinen, alle Weltweisheit hätte mit den Künsten begonnen. Den Göttern nahe, beginnt unsere Geistesgeschichte im achten Jahrhundert v. Chr. mit dem ‚Lügner HOMER‘, wie HESIOD ihn nannte.

Den Göttern entzieht man sich mit Pfiffigkeit. Athene weckte den schlafend heimgebrachten Odysseus:

„Und sie redet‘ ihn an und sprach die geflügelten Worte; / Geist erfordert das und Verschlagenheit, dich in Erfindung / jeglicher Art zu besiegen, und käm‘ auch einer der Götter! / Aber lass uns davon nicht weiter reden; wir kennen / beide die Kunst; du bist von allen Menschen der erste / an Verstand und Reden, und ich bin unter den Göttern / hochgepriesen an Rat und Weisheit.“

Athene verwandelte Odysseus in einen Bettler, den nur sein alter Hund wiedererkannte. Was für eine Symbolik!

Die frühe Bildung baute auf phantastischen Kosmogonien und Theogonien auf. Aus dem Mythischen, gefüllt mit aller menschlichen Schwäche, wurden universelle historische und geographische Weltbilder zusammengesetzt, Vorstellungen von Urpotenzen, Schöpfungsvorgängen, den Helden und den Arten und Absichten der Götter. Solcherart Metaphysik wird unsere Geschichte nicht mehr verlassen.

Was stets hat staunen lassen, ist der Umstand, dass die Vorsokratiker, die Philosophen vor SOKRATES, alle Probleme der Philosophie, der Suche nach Weisheit, bereits in einfacher Weise kannten. Sie wurden in den folgenden zweieinhalb Jahrtausenden unserer Geschichte jedoch beträchtlich differenziert. So, als hätten uns die zwei Millionen Jahre unserer Frühgeschichte erst unbewusst, dann mit stetem Bewusstwerden auf unsere Lebensprobleme vorbereitet.

Als Antrieb des Menschen, um mit den Göttern über sein Schicksal zu verhandeln, darf man ein Bedürfnis nach Orientierung anneh-

10

men. Was von den Vorsokratikern erhalten ist, eröffnet eine bewundernswerte Welt, der es gebührt, nicht zu kurz abgetan zu werden. Es ist daher wenigstens anhand einer dieser Gestalten noch etwas Licht in jene Zeit zu bringen: XENOPHANES, der Fremderscheinende, Ende des sechsten Jahrhunderts v. Chr. in Kolophon, Kleinasien, geboren, begab sich mit zwanzig, ‚als die Meder kamen‘, auf maritime Wanderschaften in Malta, Sizilien, vielleicht Ägypten. Er blieb – es heißt, gleich einem Sektengründer – in Elea, südlich des heutigen Paestum.

„Alles“, sagt er, „haben HOMER und HESIOD den Göttern angedichtet, was nur immer bei den Menschen Schimpf und Schande ist: Stehlen, Ehebrechen und sich gegenseitig betrügen. – Doch die Sterblichen wähnen, die Götter würden geboren und hätten Gewand, Stimme und Gestalt ähnlich wie wir selber. – Die Äthiopier stellen sich die Götter schwarz und stumpfnasig vor, Thraker dagegen blauäugig und rothaarig. – Wenn Kühe, Pferde oder Löwen Hände hätten und damit malen und Werke wie die Menschen schaffen könnten, würden die Pferde pferde-, die Kühe kuhähnliche Götterbilder malen und solche Gestalten schaffen, wie sie selber sie haben.“

Man möchte nur noch bedenken, dass diese Gedankenfolge zweieinhalb Jahrtausende zurückliegt. Das ist der größere Teil unserer Menschheitsgeschichte. Und die Einsicht hat kaum geholfen. Die Hypothek ist mitzutragen.

Schulenbildung entstand im Großgriechenland des achten Jahrhunderts in Ionien und Süditalien mit frühen Zentren in Milet und Syrakus; man pflegt THALES und PYTHAGORAS als Gründungsväter anzugeben. Für unser Thema der Interessen ist dreierlei aufschlussreich: erstens, dass damals schon eine Spaltung auftrat, weil man nicht wissen konnte, ob dem reinen Denken oder aber der sinnlichen Erfahrung zu misstrauen sei, sodass man sich da an die Erfahrung, dort ans Denken hielt. In beiden Fällen aber trachtete man, zweitens, geschlossene Weltbilder zu entwerfen. Drittens handelte es sich, das rekonstruierten besonders die Pythagoräer, um so etwas wie religiöse Sekten. Eine Art Staatstheorie meinte man daraus entwickeln zu können. Auch dieses Denken ist erhalten geblieben.

In der klassischen Zeit des dritten Jahrhunderts, vorerst um die Schulen des PLATON und ARISTOTELES angesiedelt, entstanden Lehrgebäude in Athen und Alexandrien, sodann verschiedene Schul- und Lehrformen. Die Spaltung in Rationalismus und Empirismus bereitete sich damit vor. Ein zunächst ausschließlich philosophischer Unterricht für kleine Gruppen von ,Eingeweihten' wurde für größere Schülergruppen musisch-gymnastisch und bald durch die Fächer der Grammatik, Rhetorik und Logik erweitert.

Zu den ursprünglich philosophischen Absichten kommt nun allgemein Bildung hinzu – oder doch Weisheit als ein Wert an sich, wenn sich diese Weisheit auch höchst ungleich verteilt haben mochte. Ebenso kam ein nach außen gerichtetes Interesse dazu, etwas, das man heute Image- und Politikberatung nennen würde. Die Reisen PLATONS zu DIONYSOS, Tyrann von Syrakus, sind dafür kennzeichnend.

Ein Blick in PLATONS überlieferte Briefe lässt uns wissen: „Als ich dorthin kam, sagte mir das, was man dort bei reichlichen italischen und sizilischen Leckereien ein glückliches Leben nennt, keineswegs und in keiner Weise zu, dahinzuleben, indem man zweimal am Tage sich voll stopft und keine einzige Nacht allein schläft, und welche Gewohnheiten sonst an ein solches Leben sich knüpfen." Seine philosophischen Bemühungen hatten in den dortigen Machtturbulenzen keinen Erfolg, „– ich hatte nach solchen Vorfällen deutlich erkannt, wie es mit den Eifer des DIONYSOS für die Philosophie bestellt sei; und es stand mir frei, ihn zu zürnen oder nicht. – Ich blicket wie ein Vogel, der dem Käfig zu entfliehen begehrt, nach außen; er aber sann darauf, wie er mich wegscheuche."

Das Verhältnis von Weisheit und Staatskunst wird uns, wie zu erwarten, durch den weiteren Text begleiten.[1]

Das rhetorische Bildungsideal der Griechen nimmt an den Pythagoräern Ansatz, beginnt mit mathematisch-philosophischen Studien und mündet in PLATONS Staatslehre. Einen Wendepunkt bestimmten die Sophisten. Sie wurden anfangs „Meister" oder „Künstler" genannt, später „Lehrer". Alle Wissenschaften, einschließlich der Philosophie, werden zu Hilfswissenschaften für eine Rhetorik, die

12

der Polis nicht dienen, sondern sie beherrschen will. Die Sophisten setzten hohe Redekunst mit politischer Tüchtigkeit gleich.

Bei PLATON hieß das Bildungsideal „Philosophie". Das Wort bedeutete für ihn „Wissenschaft". Anders bei ISOKRATES, der zur Zeit PLATONS mehr Wirkung auf die Griechen tat als dieser. Unterricht war für ISOKRATES nicht nur Mittel zum Kenntniserwerb, sondern ein Weg der Geistesschulung und Gesinnungsbildung.

Das förderte die Entwicklung der Gymnasien; der Ausdruck kommt bekanntlich von „nackt". Mit Liegenschaften und finanziellen Stiftungen ausgestattet, in großen Städten von eigenen Beamten verwaltet, genossen die Gymnasien hohe Wertschätzung und stellten sozialen Aufstieg in Aussicht. Über zweitausend Jahre Beamtenwelt folgen.

Es ist aufschlussreich zu sehen, dass sich der Platonismus über den Rationalismus und Idealismus in der Philosophie des Christentums bis in unsere Tage erhalten wird. Die zentrale Position der Rhetorik als basales Universitätsfach währte dagegen wenigstens bis über die Renaissance hinaus, also gut zwei Jahrtausende.

Als die griechische Kultur unter der *Wirkung Roms* von der Szene schmolz, erlangten zwei Entwicklungen Bedeutung: die Bildungsform des Christentums und die der weltlichen Hohen Schulen.

Nach der Philosophie PLATONS war als Maßstab der Dinge eine Weltseele anzunehmen, in der sich das Wahre, Schöne und Gute mit dem Ewigen vereinte, an der die Seele des Menschen noch so etwas wie einen Anteil hätte. Mit KLEANTHES ergab sich die Frage, ob die Seele des Menschen in dem Maße, wie sie sich als schön, wahr und gut erwiese, nicht auch einen Anteil am Ewigen haben könne. Diese Überlegung erforderte einen Weltenrichter. In den seherischen Turbulenzen um die Zeitenwende war es PAULUS' Offenbarung, die das Christentum begründete. Die im Vergleich zur griechischen noch bescheidene christliche Philosophie wurde durch die Apologeten, philosophisch gebildete Verteidiger des Christentums, und daraufhin von den Kirchenvätern nahe an ihre heutige Form gebracht.

Und man vergesse nicht, dass der Platonismus noch heute in unseren Wissenschaften daheim ist. Wenn es beispielsweise um die

Begründung der Mathematik geht, erweisen sich viele Mathematiker als Platonisten.

Auf höchst weltliche Weise entstanden hingegen im zweiten Jahrhundert Schulen für Rhetoriker und Philosophen in allen römischen Provinzen, die von den dortigen Kommunen zu bezahlen waren. Sie hatten begrenzte Privilegien, waren aber doch mit einer gewissen Immunität der Lehrenden ausgestattet. Im fünften Jahrhundert wurden unter THEODOSIUS Fakultäten für Grammatik, Rhetorik, Philosophie und Jurisprudenz in Rom und Konstantinopel gegründet. Damit beginnt das Interesse an Staatsdienern.[2]

Wenn man bedenkt, was von Rom geblieben ist, so sind es neben einigen Bauwerken, den romanischen Sprachen und Teilen des Römischen Rechts die eben genannten Interessen. Vor allem aber gehört die Verbreitung des Christentums dazu. Anfangs grausam verfolgt, wurde es allmählich von den Unterdrückten, weiterhin von den Legionen, schließlich von den Kaisern aufgenommen und enthielt es eine höhere Moral, die durchaus nicht in der Absicht des frühen Imperiums lag.

Das Christentum hat das Abendland und einen Großteil unserer Kultur geprägt, vor allem durch weitere, neue Interessen an der Entwicklung unserer Bildungsgeschichte, die ich hier verfolge. Es soll jedoch nicht vergessen sein, dass die Kirche, Statthalterin dieses großartigen Weltbildes des Christentums, die Gräuel der Inquisition, den Scheiterhaufen und die Kreuzzüge legitimieren wird.

Noch einmal verlangt der Werdegang ein Zitat aus dem Altertum, von LUKREZ, TITUS LUCRETIUS CARUS, einem gebildeten römischen Philologen und Dichter der Zeitenwende. Erhalten sind Teile einer groß angelegten Kosmogenie in Hexametern, *De natura rerum*, dem EPIKUR nahe, agnostisch, das bedeutendste Lehrgedicht des Altertums.

„Verdorben sind viel Geschlechter / damals und waren imstand nicht, Nachwuchs schaffend zu mehren … / Wem aber nichts die Natur zuteilte von diesem, dass weder / selber von sich aus imstand sie wären zu leben, noch Nutzen / uns zu gewähren irgendwie … /

14

die lagen freilich da zu Gewinst und Beute für andre." Keine Frage, hier wurde schon das Prinzip der Selektion erkannt und, wie im Folgenden, der Anpassung: „Das also, mag man glauben, ist um des Gebrauches willen / worden entdeckt, was heraus aus Bedürfnis und Leben gefunden. / Jenes ist aber geschieden davon, was vorher von selber / wachsend, hernach hat enthüllt die Kenntnis des eigenen Nutzens."

Gott kommt nicht vor. LUKREZ beendete sein Leben mit Selbstmord, und nichts von seinem evolutiven Konzept tat Wirkung. Die Plagen der Unterdrückten förderten vielmehr das Christentum. Erst in der Renaissance tauchten Stücke wieder auf; in der Aufklärung dann, eineinhalb Jahrtausende später, werden sie begriffen.

Hier verlassen wir vorerst – nun auch in unserem Interesse – das Abendland: Eine Bildungswelt der Befreiungsversuche vom Mythos der Beamten, Gymnasien und Staatsdiener, mit einem empiristisch/rationalistischen Rätselraten. Über die Gründung der ersten Universitäten werden wir zum Abendland zurückkommen.[3]

b) Das Werden der Universitäten

Unsere Geschichte der Bildung universeller Art lässt sich zunächst in der Welt des Islams fortsetzen, doch soll man nicht übersehen, dass sie sich auch hier unter der Wirkung einer Opposition gegen das imperiale Rom vollzogen hat. Die Antriebe gewinnen neuerlich eine metaphysische Dimension, der nicht zu entkommen ist.

Als man ihr, wie in der Aufklärung, auszukommen trachtete, schließt sich das materialistische Weltbild der ‚Macher' an, das Umweltprobleme, Kapitalismus und Neokolonialismus nach sich ziehen wird. Etwas Behutsamkeit ist empfohlen.

Die ersten Universitäten oder doch solchen entsprechende Einrichtungen werden 859 aus Fes im heutigen Marokko und 970 aus Kairo gemeldet. Zunächst Koranschulen, durch die Auseinandersetzung mit dem christlichen Spanien und zur Unterdrückung der Kopten in

Ägypten gefördert, ziehen sie aber nicht nur Theologen, sondern bald auch Persönlichkeiten an, die wir heute Universalgelehrte, Naturkundler und Staatsphilosophen nennen würden. Und man wird wissen, dass diese Schulen allein in Astronomie und Mathematik dem frühmittelalterlichen Abendland weit voraus waren.

Zunächst in oder bei Moscheen entstanden, sind sie von Stadthaltern und Kalifen gefördert worden. Man strebte danach, zur Begründung eines geschlossenen Weltbildes im Rahmen des Islams beizutragen. (Es wird, man beunruhige sich nicht, auch weiterhin bei der Redewendung „im-Rahmen-von Weltbildern" bleiben.)

Schon früh wurden an der Al Azhar Universität fünfunddreißig Juristen bestallt und später mit Stiftungen gesichert. Ab 1005 kam es zur Aufnahme wissenschaftlicher Fächer. Nach einem Dekret des Sultans BARKUK erbten die Studenten das Vermögen jener Kommilitonen, die ohne Nachkommen starben. Am Beginn des 15. Jahrhunderts wuchs die Schülerzahl auf 750. Semester, Inskriptionen und Prüfungen im heutigen Sinne gab es nicht. Die uns bekannte Verschulung ist eine späte Erfindung. Ein einfaches Zertifikat wurde ausgehändigt.[4]

Aus dem Jahrhundert nach den ersten Gründungen wird man sich an Namen wie AVICENNA erinnern, Perser und ARISTOTELES-Kommentator, an den Juden MAIMONIDES, ‚Führer der Unschlüssigen' im islamischen Andalusien, und an AVERROES in Cordoba, der den Aristotelismus mit dem Islam verband und ein monopsychistisches Weltbild der einheitlichen Psyche, aber doppelten Wahrheit entwickelte, aus dem sich ein früher Pantheismus ableiten ließ.

Am Pantheismus hängen wir nicht mehr sehr. Doch die doppelte Wahrheit ist heute den philosophischen Fakultäten fest eingebaut, und niemand schämt sich.

Auffallend ist, dass jene Entwicklung jahrhundertelang auf das Abendland keine Wirkung tat. Zu geistigen Verschmelzungen kam es im Sizilien des Normannenkönigs ROGER und des Kaisers FRIEDRICH II., an deren Höfen sich griechische, nordeuropäische und islamische Künste und Wissenschaften verbanden. Aber der

16

Kirchenstaat in Mittelitalien ließ eine Verbreitung nach Norden nicht zu. In Spanien waren es die steten Grenzkriege mit den christlichen Landesherren im Norden und im Osten Südeuropas die politische Komplikation des Balkans. In erster Linie aber trafen die Widersprüche und politischen Interessen von Islam und Christentum aufeinander, da sich auch der Islam den Christen gegenüber bald nicht mehr als tolerant und zimperlich erweisen sollte. Mit der Ära der Ottomanen folgte der Niedergang.

Geblieben sind unsere Wahrheitsfindung und die metaphysisch ummantelten politischen Interessen.

Weltbild und Paradigma. Was seit der Fatimiden-Dynastie an geförderter Gelehrsamkeit entstanden war, hatte, auf dem Koran basierend, die Bildung eines widerspruchsfreien Universalweltbildes vor Augen, durchaus das, was wir heute unter Bildung verstehen. Es ist kennzeichnend, dass auch die kommenden Schulen im christlichen Abendland von einem metaphysischen Paradigma ausgehen werden und dass auch die materialistischen Weltbilder der Neuzeit – ohne dass dies allgemein bekannt oder zugegeben wäre – selbst wieder eines metaphysischen Hintergrundes, wenn auch eines säkularen, nicht entbehren können.

Unter Paradigmen verstehe ich hier jene Zusammenhänge von Annahmen und Vereinbarungen, die jede Wissenschaft vorauszusetzen hat und die durch die Methode des Faches, nämlich aus der Erfahrung, nicht zu begründen sind. So muss die Physik annehmen, dass erst das Auseinanderrasen von Energie im Urknall Raum und Zeit hat entstehen lassen. Die Biologie soll annehmen, dass durch die Auslese der Glückstreffer unter den Zufallsänderungen Ordnung entstanden ist, und die Kulturwissenschaft, dass Zwecke der Welt vorgegeben sind. Viele Wissenschaftler bedenken nämlich nicht, dass sie auf ähnlichen metaphysischen Gründen aufbauen wie die großen Religionen. Das wird dazu führen, dass einander widersprechende Paradigmen unsere Wissenschaften bis heute begleiten, als ob das Weltverständnis selbst ein Widerspruch sein müsste. Wieder wird eine Hypothek übernommen.

In unserem *Mittelalter*, Byzanz mitgedacht, haben bekanntlich die Entstehung der Klöster und das Mönchstum zur Fortsetzung des Bildungsprozesses beigetragen. Um dem Chaos, dem Hunger, dem Söldnerfang, überhaupt dem Schicksal einer unsicheren Zeit zu entgehen, war es, salopp gesagt, noch immer nahe liegend, sich der Mystik in der Stille Gottes zu weihen, den Zölibat zu erfinden, hinzunehmen oder, wenn nötig, ihn heimlich zu umgehen. Es entstand das ‚Coenobium‘, ein abgeschiedener Ort gemeinsamen Männerlebens.

Man konnte die Welt als Objekt göttlicher Willensentwicklung sehen, in welche die ganze Kreatur und deren Handlungsbereich einbezogen sein müssen. Nun ist das kein ausschließlich westlicher Gedanke. Er ist in allen kultivierten Religionen und auch schon früher vorzufinden. Aber unser Mönchswesen, nicht etwa das tibetische, hat die Geschichte überdauert und zudem Geschichte gemacht.

Das bildende Prinzip des Mittelalters ist als Scholastik bekannt, was zunächst „Schulwissen" und „Schulbetrieb" bedeutete. Antrieb war nun die Begründung einer christlichen Philosophie. Sie wurde zu einem Lehrstück der Abhängigkeit des Denkens von vorgegebenen Wahrheiten. Dennoch haben diese Jahrhunderte kollektiven Denkens – über das Dogma der beiden Wahrheiten, der göttlichen und der irdischen, mit dem Streit zwischen den Anhängern von AUGUSTINUS, ARISTOTELES, AVERROES, THOMAS VON AQUIN und DUN SCOTUS – rationalistische Höhenflüge einer irrationalen Logik und Metaphysik erbracht, mit erstaunlichen Figuren wie der Äbtissin HILDEGARD VON BINGEN. Im Ganzen begannen sich eine bessere Sprache und Schrift zu verbreiten, passables Latein, hochstrebende Architektur und klösterliche Schriftkultur. Die Verengung der Interessen der Scholastik aber mit ihrem Versinken in Spitzfindigkeiten bereitete den Gegenstrom, die Renaissance, vor.

Schließlich noch einige Zeilen der HILDEGARD VON BINGEN, Seherin und schreibende Äbtissin aus dem 12. Jahrhundert, geplagt von belesenen, misstrauischen Mönchen, die sich an den Schöpfer wendet:

18

„Ihnen tue die verschlossenen Geheimnisse kund, die sie furchtsam in verborgenem Acker fruchtlos vergraben. Ergieße dich wie ein überreicher Quell … damit durch die Fluten deiner Wasser die aufgerüttelt werden, die um der Sünde Evas willen dich für verächtlich halten."

Als fruchtlos und unnütz erachtet die Nonne die Gedanken der Geistlichen ihrer Zeit. Was also wird fruchten?[5]

Die Entstehung der Renaissance ist als eine Zeit des geistigen Aufbruchs bekannt, der durch die kulturelle oder repräsentative Konkurrenz des Vatikans und der Fürstentümer in Italien wesentlich gefördert wurde. Vorbereitet wurde die Entwicklung, die „karolingische Renaissance" genannt wurde, durch Bemühungen um die Wiederherstellung und Erneuerung der klassischen Bildung unter KARL DEM GROSSEN und einer kleinen, gebildeten Minderheit. Zu einer öffentlichen Bewegung wurde sie zuerst in Mittel- und Norditalien, von wo aus sie sich allmählich über Europa verbreitete. Das ist wohlbekannt.

Es werden einem Begriffe wie der Humanismus PETRARCAS und der Synkretismus des PICO DELLA MIRANDOLA einfallen, Denkweisen, die den Menschen also wieder in die Mitte nehmen und Gedankengüter von weither verschmelzen. Aber auch an die Florentinische Akademie, an die Entdeckungs- und Bildungsreisen, das Wachsen der Banken und die Neuentfaltung der Künste und Wissenschaften sei erinnert.

Was unser Thema ‚Interessen und Bildung' betrifft, so kommt ein neuer Aspekt hinzu, dass nämlich die Aristokratie Bildung und Wissenschaft legitimierte und sozial erhöhte, indem sie Mittel und repräsentative Räume zur Verfügung stellte. Dies führte zur Legitimation des Bildungsstatus an den Fürstenhöfen. Hier begann ein komplexes Verhältnis von Macht und Erkenntnis, das uns vom höfischen Leben bis in die Gegenwart in sich wandelnden Formen begleiten wird. Die Wissenschaftspaläste sind uns geblieben: Bauten der Spätrenaissance, dann renaissanceähnlich, heute mehr aus Sichtbeton.

19

Hierher gehört noch ein Satz von LEONARDO, der das Werden des neuen Empirismus ankündigt:

„Und wenn wir schon an der Gewissheit eines jeden Dinges zweifeln, das durch die Sinne wirklich hindurch passiert, um wie viel mehr müssen uns Dinge zweifelhaft sein, die sich gegen diese Sinne auflehnen, wie zum Beispiel die Wesenheit Gottes und der Seele, um die man ohne Ende disputiert und streitet, und bei denen es wirklich zutrifft, dass jederzeit, wo Vernunftgründe und klares Recht fehlen, Geschrei deren Stelle vertritt."

Mit vielem anderen werden diese Gedanken Wirkung tun auf eine Befreiung der Wissenschaften und auf ein gewandeltes Interesse an ihnen. Man ahnt das Kommen der Aufklärung.[6]

Es entstehen Hohe Schulen universellen Bildungsangebotes, unsere Universitäten, in dem uns heute noch geläufigen Sinn, freilich noch mit der Inquisition im Nacken.

Eine erste Gründungsperiode vom 12. bis 14. Jahrhundert geht der Renaissance noch voraus. Die Universitäten liegen, wie Parma, Bologna und Modena, in Italien, dann in Spanien, aber auch die Gründungen in Paris, London, Prag, Krakau und Wien gehören in diese Zeit. Zuerst als ‚Studium generale‘ für Theologen gedacht, erhielten die Universitäten als Juristen- oder Ärzteschulen durch kaiserliche Privilegien und päpstliche Bullen Lehrberechtigungen, Zulagen und Promotionsrechte. Unterrichtet wurde eine ‚universitas literarum‘ im Rahmen der von der Kirche anerkannten Wissenschaften. Professores, die ‚Bekenner‘, und Scholaren, allesamt zunächst Kleriker, wählten ihren Rektor. Scholaren verschiedener Länder, die ‚nationes‘, wählten ihre Prokuratoren. „Vorlesung" ist wörtlich zu nehmen. Von erhöhten Podesten wurden lateinische Texte zum Mitschreiben verlesen und kommentiert. Kolloquien nützten die Scholaren um festzustellen, inwieweit sie den vorgetragenen Inhalt verstanden hatten, und mussten für diesen Zeitaufwand bezahlen. Streitgespräche, ‚disputationes‘, dienten vorerst der rhetorischen Übung.

Man durchlief die ,artes liberales', Grammatik, Rhetorik, Dialektik und Mathematik für den Titel „Baccalaureus"; Logik, Physik, Metaphysik, Ethik, Politik, Astronomie und Geometrie, um den „Magister" zu erwerben. Wie man erkennt, ein – für die Kirche und das Wissen der Zeit – ziemlich universelles Bildungssystem. Die Ränge der Fächer waren höchst verschieden. Philosophen erhielten das sechs- bis achtfache Honorar der Mathematiker, sodass es zu den großen Leistungen und nahe liegenden Interessen GALLILEIS zählte, seine Mathematik in den Rang der Philosophie zu heben. Und es ist berührend zu erfahren, dass er zur Gewinnung eines Lehrstuhls eine Berechnung der physischen Größe der Hölle DANTES vorlegte, für eine Berufung, die dann doch nicht erfolgte.

Man wird bemerkt haben, dass sich von alledem, noch aus dem Geist des Spätmittelalters, vieles über das folgende Jahrtausend erhalten wird.

Das Wesentlichste, das sich ändert, ist *der Einfluss der Kirche*. Man erinnere sich, dass KOPERNIKUS über seiner Entdeckung still verstorben ist, dass KEPLER, immer wieder vertrieben, seine Mutter aus Hexenprozessen zu retten hatte und wie Rom mit GALILEI verfuhr. Und man darf nicht vergessen, dass GALILEI und KEPLER, beide tiefgläubige Christen, lediglich wünschten, ihre Glaubensgenossen an der wahren Größe der Schöpfung Gottes teilhaben zu lassen.

Es ist nicht leicht, sich des Eindrucks des Zynismus zu erwehren. Er liegt aber in den Handlungen der Zeit. In meinem Text darf ich ihm nicht folgen.[7]

Da wir im Zuge dieses Überblicks doch bald Zeitzeugen werden müssen, sei mir eine Vorübung für solcherart Betrachtung gestattet:

Wie sehr die Zurückhaltung der Kirche bis in die Gegenwart Bestand hat, mag eine persönliche Erfahrung illustrieren. 1980 war ich für zwei Wochen zu Seminarien in der Sommerresidenz des Papstes in ,Castell Gandolfo' eingeladen. Ich nützte die Gelegenheit, das angeschlossene päpstliche Observatorium zu besuchen, das, in sich wandelnder Form, seit den Tagen des GALILEI und der Auseinandersetzung um jene ,kopernikanische Wende' existiert.

Da die Astronomie, die den Menschen an den Rand des Kosmos stellte, für die Kirche längst kein Problem mehr darstellte und die Dunstglocke über Rom dort keine moderne Astronomie mehr zulässt, fand ich ein Relikt: wenige Patres und verstaubte Instrumente. Auch in der zweiten kopernikanischen Wende mit DARWIN und der Abstammungslehre ERNST HAECKELS, der den Menschen ins Tierreich stellte, hatten sich Kirche und Wissenschaft in närrischer Weise neuerlich Wunden geschlagen. Deutsche Jesuiten unterstellten HAECKEL Fälschungen, während der radikale Monistenbund ihn 1904 in Rom unter dem Denkmal des GIORDANO BRUNO zum Gegenpapst ausrief. In der Voraussicht einer dritten Wende, nachdem sich im Nachschatten der Ethologie von KONRAD LORENZ die Herkunft unserer Vernunft (der Seele?) erschlossen hatte, war mir deutlich, dass ein ,Päpstliches Laboratorium' eher Einsicht geben würde und weitere Wunden vermeiden ließe.

Damals besuchte mich ANNEMARIA ALETTI, vermögende Witwe eines kalabrischen Industriellen. Sie bot mir in Kalabrien ein Grundstück und ein kleines Palais in Rom zur Gründung eines Instituts für Meereskunde an. Beide Orte erwiesen sich für diesen Zweck als nicht geeignet. Ich schlug ihr eine Stiftung für ein Päpstliches Laboratorium vor, worauf sie gerne einging.

Nun fragte ich Kardinal FRANZ KÖNIG, einen fast schon väterlichen Freund, wie man da vorginge. „Möglichst nahe am Papst", meinte er, „und möglichst weit entfernt von der Kurie." Das war wohl so richtig wie paradox. Mein Korrespondent war schließlich der Finanzminister der Kurie, ein Jesuit. Ich adressierte an Hochwürden Pater EUGEN HILLENGASS, Economo Generale della Compania di Jesu. Damit begann 1981 ein bald mühsam werdender Schriftwechsel.

Ich konnte das alettische Palais und ihre Latifundien zur Finanzierung eines Laboratorio anbieten, Namen von Professoren und einen Lehrplan aufweisen. Bald aber erwies es sich, dass man nicht nur nicht verstand, sondern auch nicht verstehen wollte. „Man wird sich", schrieb ich, schon enttäuscht, „einmal fragen, ob denn, aufgrund der schwebenden neuen Auseinandersetzungen, niemand aus der Geschichte gelernt hat, und wer zu dieser Zeit wohl für unsere

22

kulturellen Pflichten dieser Art verantwortlich gewesen sein könnte. Und da wird man den Namen HILLENGASS finden und vielleicht auch den meinen. Ich darf Sie darum bitten, meine Ambitionen recht zu verstehen."

Das Thema war aber bald vom Tisch: „Endlich frage ich mich", schrieb mir HILLENGASS in einem späteren Brief, „ob für eine Forschungsarbeit im Hinblick auf die von Ihnen genannte neue kopernikanische Wende eine hinreichend breite menschliche und wissenschaftliche Basis vorhanden ist, und zwar insbesondre in Rom." Das mochte richtig überlegt sein. Die Basis war bei den Jesuiten nicht vorhanden und schon gar nicht in Rom. Ist sie es heute?

Die zweite Gründungswelle gehört ins 15. bis 17. Jahrhundert. Sie wurde durch die Festigung der Landesfürsten bewirkt sowie befördert durch die Auseinandersetzungen zwischen Humanismus, Reformation und Gegenreformation und durch die landesherrlichen Interessen. Damit entstanden protestantische neben katholischen Universitäten. In der Folge kam es zu einer gewissen Verweltlichung der angebotenen Fächer, aber die Internationalität ging verloren. Die Zahlen der Studenten stiegen pro Universität auf 200 bis 400, die der Professoren bis auf 20.

Für unser Thema ist aufschlussreich, dass mit der Internationalität auch die Selbstverwaltung verloren ging. Sie wurde von den Landesherren beschränkt oder verboten. Der Einfluss der Kirche schwand zugunsten der Interessen der Länder.

Eine dritte Welle ist im Zusammenhang mit der Forderung nach einer Freiheit der Philosophie am Beginn des 18. Jahrhunderts auszumachen, mit den Interessen der Fürstenstaaten an Staats- und Naturwissenschaften. Was sich vorbereitete, wird zur Aufklärung werden. Bislang ging es um die Etablierung von Beamten, versierten Klerikern und Staatsdienern, nun wollte man an das Werden von Dienern der Philosophie denken. Aber welcher Philosophie? Es sollten doch Diener der staatlichen Wirtschaft werden.

c) Der Wandel mit der Aufklärung

Nimmt man meinen Bericht doch als Abenteuergeschichte, dann dreht sich das Geschehen nun deutlich weiter. Nichts ist ohne Geschichte zu verstehen. Diese Einsicht sollte noch trivial sein. Gar nicht trivial sind jedoch die Wege. Auch die Aufklärung geht auf die Renaissance und die Reformation zurück, bringt aber Denkern einer neuen Form einen neuen Raum. Man wird sich an MONTESQUIEUS liberale Biographie erinnern, an MONTAIGNES Vorschlag der Gewaltenteilung, die man hinnahm, nicht aber seinen religiösen Liberalismus, weiters an die frühen Empiristen in England und, wieder in Frankreich, an die Zentralfiguren ROUSSEAU und VOLTAIRE und die Enzyklopädisten. Noch trachtete die Kirche, deren Bücher öffentlich zu verbrennen, die Menschen aber ließ man schon flüchten. Auch das eine feine Neuerung. GIORDANO BRUNO wurde noch öffentlich verbrannt. Heute ist, wie man weiß, auch das Bücherverbrennen aus der Mode gekommen.

Es ging diesen Geistern – selbst überwiegend Aristokraten – um eine neue Regentschaft der Vernunft, darum, die Übergriffe des Adels einzudämmen und den Anmaßungen des hohen Klerus entgegenzutreten, um den Menschen aus seiner ‚selbstverschuldeten Unmündigkeit‘ zu befreien. Im Gegenstrom zur klerikalen Welt traten Materialisten auf, LAMETTRIE und MAUPERTUIS, Autor der Venus Physique, die, in Frankreich verfolgt, als Mitglieder und Gründer der Akademie im reformierten Berlin FRIEDRICHS II. Aufnahme fanden. In allem eine rationalistische, materialistisch-empiristische Strömung mit Vorstellungen von ‚Naturrecht‘ und einer Machbarkeitsideologie, die unsere Geistesgeschichte bis heute beeinflusst und sie damals über ihre vernünftigen Ziele weit hinausschießen hat lassen.

Die Aufklärer verstanden sich häufig als geistige Träger eines philosophisch-pädagogischen Jahrhunderts. Sie hatten Bildung ins Volk zu tragen und für Gewerbe und Wirtschaft zu nutzen, was große Wirkung auf unser Thema ‚Bildung und Interessen‘ tun wird. Man erinnert sich an das Auftauchen des Zusammenhangs von

24

Erkenntnis und Macht in der Renaissance. Nun wandelt sich der Zusammenhang in der Praxis.

Typisch ist die Entwicklung der ,Physiokraten' mit und nach QUESNAY, der noch in die Generation von VOLTAIRE und ROUSSEAU gehört. Sie vertraten die Einsicht, dass Werte sich zunächst aus Grund und Boden schöpfen lassen, in die Arbeit und Verstand investiert wird. Das ist, was wir heute unter ökonomischen Kreisläufen und Primärproduktion verstehen, Voraussetzung jeder weiteren Wertschöpfung.

Eine Generation später folgt SAINT-SIMON mit einer nach ihm benannten Bewegung, die das sich ankündigende soziale Problem der Arbeiter durch einen christlichen Staatssozialismus zu lösen trachtete. Die Soziologie gewinnt an Form. Eine Generation weiter schloss sich mit COMTE der noch wirkungsvollere Positivismus an, auf den ich zurückkomme.

Schließlich entstand aus der Wissenschaft die Industrie. Als Gestalt ist LAVOISIER kennzeichnend. Er hat nicht nur die Chemie revolutioniert, sondern wurde damit auch Industrieller, leitete Salpeter- und Pulverfabriken, mit denen damals enorme Geschäfte zu machen waren, und ist dennoch, wiewohl Mitglied der Akademie und von Staatskommissionen, aufgrund seiner Funktion als Generalsteuerpächter angeklagt und hingerichtet worden. Die Interessen der Landesfürsten begannen, wie man sieht, jene der Republiken zu werden.[8]

Ich habe zu Beginn dieses Überblicks vorgeschlagen, die Entwicklung der Universitäten als eine Art Lehrpfad zu verwenden. Nun bietet es sich an, zwei Seitenwege zu verfolgen.

Zunächst sind die Akademien zu bedenken. Die Bezeichnung „Akademie" geht bekanntlich auf den Namen eines Gartens vor den Toren Athens zurück, den PLATON für seine Schule erworben hatte. PLATONS Einrichtung wurde für fast ein Jahrtausend verschiedenen Philosophenschulen zum Vorbild und erst von JUSTINIAN geschlossen. Neugründungen folgten durch KARL DEN GROSSEN, COSIMO DE' MEDICI und RICHELIEU unter feudaler, später unter staatlicher Fürsorge, bald auch weltweit. Anfangs universell gedacht für die Verständigung unter Gelehrten, haben sich die Akademien – mithilfe

25

der Kumulation von Wissen und der Zerteilung der wissenschaftlichen Methoden – wie die Universitäten in Klassen und Sektionen geteilt, die wir heute noch vorfinden. Die Universalität hat sich in den Universitäten verlaufen.

Ähnliches gilt für das Entstehen der Fakultäten an den Universitäten selbst, worauf noch zurückzukommen ist.[9]

Manches von diesem Wandel geht wieder auf die Aufklärung zurück. Der Wunsch zur praktischen Anwendung der Wissenschaften zum Nutzen der Bürger hat den Philosophen AUGUSTE COMTE, Lehrer am Pariser Polytechnikum, schon vor der Revolution zum Hauptvertreter des Positivismus werden lassen. Diese Geistesströmung sollte bald und bis in unsere Tage eine Rolle spielen.

Gemeint war, dass die Wissenschaften nach einer theologischen und metaphysischen Phase in eine positiv(istisch)e einzulenken hätten, dass jeder Metaphysik mit ihren Scheinfragen abzuschwören sei und man sich dem Positiven (im französischen Sinn dem Realen und Greifbaren), den Fakten zu widmen hätte, denn Wissenschaft sei dazu da vorherzusehen, zu entwickeln und vorzubeugen. Man wird verstehen, dass dieser Ansatz Wirkung getan hat und bis heute Wirkung tut.

Vielfach erschöpfte sich der Positivismus in einer Philosophie-, insbesondere in einer Rationalismuskritik und mündete in den Kausalismus einer als durchschaubar und manipulierbar gedachten Welt, eine Art Physikalismus, da doch allem die Gesetze der Physik zugrunde lägen.

Der Physikalismus übersah, dass die Paradigmen, die Grundannahmen aller Wissenschaften, auf einem undurchschaubaren, metaphysischen Hintergrund beruhen, dass komplexe Systeme nicht nur physikalisch verstanden werden können und dass sie aufgrund ihrer Geschichtlichkeit nach Manipulationen nicht mehr reparierbar sind. Dieses mangelnde Naturverständnis, das hier noch nicht gravierend aussehen mag, wird unser Thema wie unsere Tage weiterhin begleiten.

Durch seine Ausschließlichkeit trug der Positivismus zu einer unbesorgten Ausbreitung der Technik bei, zum Boom der Industrialisierung, aber auch zu Gegenströmungen, unter denen der Deutsche

26

Idealismus und, wie zu zeigen sein wird, die Geisteswissenschaften zur Selbstverteidigung eine geschlossene Form gewinnen mussten. Nun war auch ein methodischer Zerfall der Disziplinen vorbereitet.

Kaum zwei Generationen später kam es zur Trennung der universitären Fächer in *Natur- und Geisteswissenschaften*. In der Folge war es im Wesentlichen das enorme Wachstum der teuren, anorganischen Universitätsfächer, der chemischen Labors und der Maschinen in der Physik, das für die Sozial- und Kulturwissenschaften erdrückend wirken mochte.

Klar war, dass diesen ein physikalistischer Kausalismus, namentlich mit seinen einfachen Ursache-Wirkung-Ketten, fremd bleiben musste. Dagegen gab es längst die Methode der Hermeneutik, zunächst „Auslegekunst" genannt. Als ‚Hermeneutica sacra‘ zur Auslegung heiliger Schriften entstanden, in der Renaissance als ‚Hermeneutica profana‘ für Textdeutungen schlechthin verwendet, war sie mit der Philologie von BOECKH und mit GOETHES Morphologie zu einer kenntnisgewinnenden, analytisch/synthetischen Methode gereift. Die Grundlage bildete ein zweiseitiger Ursachenbezug: Es war klar, dass man ein Wort nur aus den Schriftzeichen und gleichzeitig aus dem Satz deuten konnte, wie etwa eine Familie von Organismen nur aus den Gattungen und gleichzeitig aus der Klasse, in die sie gehört.

Zur Lösung aus der Bevormundung, einzig lineare Kausalistik als wissenschaftlich anzuerkennen, verwendete DILTHEY den von SCHIEL 1849 entworfenen Begriff „Geisteswissenschaften". Zur Abgrenzung schrieb er 1883 den Naturwissenschaften „erklärende" Methoden, den Geisteswissenschaften eine „verstehende" Methode zu. Diese Unterscheidung war noch nicht sehr geglückt, denn wir wissen um die Transponierbarkeit dieser Begriffe. SPRANGER suchte die Geisteswissenschaften auf die Erklärung von Artefakten, gemeint sind vom Menschen geschaffene Produkte, zu begrenzen, WINDELBAND auf die Befassung mit Systemen aus unserer Geschichte. Das traf schon besser.

Erst der Biologe HAECKEL und der Historiker BREYSIG erkannten den Zusammenhang beider wissenschaftlichen Methoden. Und heute kann ich nachweisen, dass der zweiseitige Ursachenbezug für alle

Systeme mit eigener Geschichte, für alle historischen Systeme gilt, also für so gut wie alle komplexen Systeme. Das ist nicht einfach so dahergesagt. Es handelt sich eben um jene Systeme, dank welcher wir selbst existieren. Diese Einsicht aber hat die Geisteswissenschaftler nicht beschäftigt und Naturwissenschaftler weiterhin nicht interessiert. Der Methodenzerfall und die Spaltung der Disziplinen und damit der Bildung vollzogen sich nach Fakultäten und wurden in ihnen verankert. Die Dramatik dieser Teilung ist hier noch nicht sichtbar. Sie hat uns später noch ausgiebig zu beschäftigen.[10]

d) Der Wandel mit der Industrialisierung

Dieses Thema lohnt es, aus größerer Nähe besehen zu werden. Die Übergänge in der Entwicklung werden deutlicher. Der Teufel steckt, wie man weiß, im Detail. Eine Fallstudie berechtigt zu diesem Sprichwort. Für Zentraleuropa bieten sich die Universitäten Paris, Prag, Krakau und Wien an. Freilich hat jede dieser Städte ihr Lokalprofil. Ich nehme die Wiener Universität. Zum einen, da ihr Profil auch profiliert ist, zum anderen, weil ich der Geschichte meiner Heimatuniversität und ihren Aufführungen im letzten halben Jahrhundert unvermeidlich Statist und Buffoakteur gewesen bin.

Der Wandel der nationalen Interessen an Universitäten ist wieder unser Zentralthema.

Die Universität Wien, 1365 von Herzog RUDOLF IV. von Habsburg gegründet, erhielt einen eigenen ‚akademischen Gerichtsstand‘, der bis 1783 währte, und landesfürstlichen Schutz, der Sicherheit und die wirtschaftliche Grundlage gab. Primäre Aufgabe war es, die christliche Lehre rein zu halten und für die Verbreitung jener wissenschaftlichen Werke zu sorgen, die von der Kirche approbiert waren. Aufschlussreich ist, dass die Lehrbefugnis der Professoren durch den Papst erteilt wurde.

Das ganze Mittelalter hindurch blieb die Universität in Wien eine kirchliche Einrichtung, doch mit einigen Autonomierechten, die sie der kirchlichen und städtischen Gewalt immerhin schrittweise entzog. Wie üblich war sie genossenschaftlich gegliedert, ein Rektor an der Spitze, die Studiosi an der Basis. Letztere waren einer österreichischen, rheinischen, ungarischen und sächsischen ‚Nation' zugeteilt. Die Magister und Doktoren gehörten einer der vier Fakultäten an: Theologie, Jurisprudenz, Medizin und Grundschule der ‚Septem Artes liberales'. Das Studium dieser vierten Fakultät ist interessant, weil neben der Spezialisierung in den ersten drei Fakultäten eine gemeinsame universelle Ausbildung in den damals wichtig erscheinenden Disziplinen vorgeschrieben war. Diese Regelung wird man, wie wir sehen werden, aufgeben.

Die ‚Universitas der Bildung' war in ein Trivium und Quadrivium geteilt. In ersterem wurde Rhetorik, Grammatik und Dialektik, in letzterem Arithmetik, Geometrie, Astronomie und Musik unterrichtet. Der Nachweis dieser Kenntnisse war neben der Unterrichtssprache Latein und einem Mindestalter von 14 bis 16 Jahren (sic!) die Voraussetzung für das Studium an jenen höheren, gewissermaßen spezialisierten Fakultäten. Die Bemühung um eine Universalität der Bildung, jedenfalls nach mittelalterlichen Ansprüchen, ist nicht zu verkennen.

Im Fach der *Dialektik*, der Disputierkunst, ist eine Lehre erhalten, die uns fernerhin beschäftigen muss. Man wird sich erinnern, dass sie von SOKRATES über PLATON und in der Stoa eine Form gefunden hatte, die bis in die Renaissance als Logik schlechthin galt. Und man mag daran denken, welche Funktionen der Dialektik von KANT, HEGEL und MARX einmal zugedacht sein werden.

In der Dialektik aber ist die Hermeneutik enthalten, jene Auslegekunst, von der schon die Rede war. Nun begann die Auslegung auch weltlicher Texte. Sie reifte zur Deutung von Artefakten schlechthin und wird, wie noch zu zeigen ist, für das Verständnis von komplexen Systemen mit Geschichte ganz allgemein erforderlich. Man kann nicht sagen, dass die Hermeneutik von den Universitäten gefördert oder gar verlangt worden wäre. Man mochte sie akademisch als Relikt oder als Notwendigkeit verstehen, etwas, das jedenfalls zur Bildung der Zeit gehörte.

29

In der Goethezeit auch methodisch verstanden, wird sie ein merkwürdiges Schicksal haben, das dazu führte, in den kommenden Naturwissenschaften unverstanden zu sein, in den Geisteswissenschaften zu einem „hermeneutischen Zirkel" verdreht und in der Theologie wieder zur Metaphysik zu werden.

Verbindungen zur Wirtschaft gab es praktisch nicht. Es sei denn, dass sich Bildung zur Kontrolle von Rechtspositionen entwickelte und Messerchen für die Chirurgen fabriziert wurden.

In der *Renaissance*, die Wien spät erreichte, propagierte ENEA SILVIO PICCOLOMINI, der spätere Papst PIUS II., Mitte des 15. Jahrhunderts die Lehre antiker Autoren. Damit entstand neben der Ausbildung christlicher Männer mit Kenntnissen und Fertigkeiten das, was wieder „Philosophie" heißt und zum Überbau der so genannten Philosophischen Fakultät führen wird.

Im frühen Absolutismus, dominiert von den Jesuiten, traten nun staatlich besoldete Professoren auf. Ziel war die Ausbildung von Priestern, christlichen Ärzten, Beamten und Lehrern. Theologie blieb führend, Medizin und Jus wurden zurückgedrängt, Naturwissenschaften und Technik waren noch kaum entwickelt. Protestanten wurden erst 1778, Juden 1782 und nur für Jus und Medizin zugelassen. Unter MARIA THERESIA und mehr noch unter JOSEF II. kam es zur Zurückdrängung der Jesuiten.

Das Vermögen der Universität wurde auf Studienfonds umgelegt. Trotz der Aufschwünge in Medizin und Jurisprudenz blieb das Ziel des Universitätserhalters die Ausbildung von Staatsdienern. Das in der Wirtschaft dominierende Handwerk brauchte keine Gelehrten.[11]

Mit der Französischen Revolution sickerte auch in Wien der Positivismus ein, nachdem er ausgehend von Frankreich bereits in England bedeutende Vertreter gefunden hatte. Er bereitete eine Wende vor, in der nun den Wissenschaften, besonders jenen von der Natur, ein neuer Rang gegeben wurde. Das ging Hand in Hand mit den Übergängen vom Handwerk zur Industrie und vom Kleinbauern zur Agrikultur.

Eine Wissenschaftsgläubigkeit wird folgen, die zwar zur Entwicklung namentlich der experimentellen Forschung viel beitragen sollte, aber auch zu einer gewissen Naivität und zu neuen Rangordnungen in den Wissenschaften selbst führte. Es kam der Gedanke auf, alle Phänomene nicht nur auf Physik zurückführen, sondern einmal auch rückstandslos aus physikalischen Gesetzen erklären zu können.

Selbst wenn nicht zu bezweifeln ist, dass alle Bildungen in diesem Kosmos Phänomene zur Grundlage haben, mit denen sich Physiker beschäftigen, so wird sich doch zeigen, dass eine bloße Reduktion auf dieselben zum Verständnis der komplexen Welt nicht genügt. Ein solcher Physikalismus wird die Entstehung des Reduktionismus heraufbeschwören, den wir im Zentrum der kommenden Probleme finden werden. Äußerlich scheinbar unabhängig von solchen akademischen Wandlungen, wie der Trennung von Hermeneutik und Positivismus, werden sich Strukturänderungen aufgrund des politischen Wandels vollziehen.

Erst *die Revolution von 1848* führte auch an der Universität Wien zu einem bedeutenden Wendepunkt. Es ist die Zeit, in der, zunächst in England, Industrie entstand, das Vermögen von Industriellen und das Industrie-Proletariat. Man pflegt von einer Bildungsreform zu sprechen, und es lohnt, das näher zu besehen.

Vier Wandlungen, die zunächst voneinander unabhängig erscheinen, sind es wert, im Zusammenhang betrachtet zu werden.[12]

Erstens die Bildung einer Philosophischen Fakultät. In ihr wurden so gut wie alle wissenschaftlichen Lehren zusammengefasst, die nicht zu Medizin, Jus oder Theologie gehörten; die Lehrkörper für Philosophie selbst waren, wie der Name sagt, in zentraler Position. Eine Situation mit Philosophie als einer Art Propädeutikum wird etabliert. Hier wurde nochmals der Versuch unternommen, eine Gesamtsicht dessen zu bieten, was sich, wenn auch in schrittweise geschwächter Form, jedenfalls in Wien als Name noch bis in die Mitte des 20. Jahrhunderts erhält.

Zweitens Liberalisierung. Kennzeichnend dafür ist 1897 die Zulassung von Frauen zum Studium, zunächst an der Philosophischen,

31

dann an der Medizinischen, zuletzt an der Juridischen Fakultät. Es ist interessant, dass die Teilnahme von Frauen am Unterricht der Universität Zürich schon 1863 erlaubt wurde.

Drittens der Import der Formulierung „Natur- und Geisteswissenschaften". Auch hier geschah dies unter dem Druck der sich stark entwickelnden naturwissenschaftlichen Fächer. Davon war schon die Rede. Eine methodische Trennung wurde nun auch an der Universität Wien strukturell vorbreitet, wiewohl sich das, was man eine Gesamtfakultät für Philosophie nannte, eben dem Namen und den Fakultätsgremien nach bis über die Mitte des 20. Jahrhunderts erhalten hat.

Viertens die Ausgliederung der als technisch betrachteten Fächer, sei es Bodenkultur, Bergbau oder Technik schlechthin. Dem wird ein eigener Absatz zu widmen sein.

Im Ganzen sind diese Vorgänge, wie man heute sagt, als synergetische Effekte zu benennen.[13]

Damit trat eine Differenzierung und mit ihr eine Spezialisierung auf. Die schon dünne Klammer einer Universalität, die sich auch im Namen der Universität Wien erhalten hat, wird deutlich schwächer.

Die Interessen des Universitätserhalters, nun längst des Kultusministeriums, aber auch der Öffentlichkeit wandelten sich vom Ringen um ein Gesamtweltbild zu praktischen Dingen. Es bereitete sich vor, was sich später an Universitäten schlechthin zeigen wird, nämlich deren Wandel von Bildungs- hin zu Ausbildungsstätten. Dem Nachteil eines solchen Wandels, der sich im Zerfall in ein Spezialistentum zeigte, kam dabei kaum noch Beachtung zuteil, die Vorteile, nämlich Tüchtigkeit zu produzieren, waren zu deutlich. Die Aufklärung tat ihre modernistische Wirkung. Und das hatte eine weitere Folge, nämlich die von nun an zunehmende Konkurrenz der Staaten um sachkundige Tüchtigkeit, deren Vorbereitung man von den höchsten Schulen, den Universitäten, erwartete.[14]

Die Expansion der Wirtschaft ist die zentrale Ursache dieses Wandels. Aber auch ein neues Selbstgefühl der Nationalstaaten,

32

protestantische Ethik und Bürgertum sind Ursachen für sich. Das Wachsen der Bevölkerung, mit quantitativer Wertschöpfung und Kapitalbildung im Gefolge, spielt eine Rolle.

In dieser Entwicklung haben nicht die Universitäten Geschichte gemacht, sondern die Geschichte machte Universitäten. Man bewegte sich in einem Rahmen mutmaßlicher Formen von Moral und einer hingenommenen Ungleichheit armer und reicher Schicksale. Gute Taten, die im Mittelalter noch als eigener Heilsweg angesehen waren, wichen, zunächst im protestantischen England, der Vorstellung von den ,Armen, ewig Verdammten' und den ,Schaffend-Auserwählten'. Das alles setzte sich fort in einem amerikanischen Kalvinismus und wurde rückimportiert nach Europa. Jetzt erst konnte eine Armengesetzgebung und Fürsorge entstehen; Wohlfahrt im Wandel von einer religiös-karitativen, zu einer moralisch-pädagogischen und letztlich einer sozialkritischen Lösung. Das ist alles so folgerichtig wie unschön.

Ich erinnere an die Facetten aus einer Zeit der expandierenden Wirtschaft, weil sie nachfolgende Umstände erklären sollen, nämlich wie es zu einer nachgerade unglaublichen Unbildung und deren Folgen kommen konnte.

Die Entstehung einer weltlichen Moral mit der Aufgabe, neben dem geistlichen Schutz durch die Religion einen ,Sozialstaat' vorzubereiten, ist gewiss als Errungenschaft zu betrachten, weil sie sich um eine Objektivierung weltweit widerstreitender metaphysischer Doktrinen bemüht. Dieselbe Bemühung um eine weltliche Bestimmung von Ethik und Recht hat uns aber gleichzeitig die weltlichen Ideologien mit ihren einander widersprechenden Gesellschaftstheorien eingetragen. Es wurde zwar stets versucht, diese Gesellschaftstheorien mithilfe universaler Weltbilder zu legitimieren, im Westen wurde aber bald offensichtlich, dass ihre Etablierung nicht primäre Sache der Universitäten sein kann.

Nun soll damit nicht gesagt sein, dass sich MACHIAVELLI, VOLTAIRE, ROUSSEAU, HEGEL, MARX und POPPER nicht um Entwürfe ,für eine bessere Welt' bemüht hätten, doch ein Misstrauen gegenüber all den Widersprüchen zwischen jenen besseren Welten ist allen, die denken, geblieben. Ging es nun um das materielle Glück der Menschen, so wurden die Widersprüche zwischen Liberalismus und Marxismus offensichtlich.

Die Universitäten in den ehemaligen Oststaaten sahen bald seltsam aus, war es doch bezeichnend, etwa jede wissenschaftlich Publikation mit einem Hymnus auf den Dialektischen Materialismus beginnen zu lassen. Im Westen war die Ideologie verkappter. Man sprach zwar wenig über Liberalismus, doch es wurde von den meisten Studiosi erwartet, dass der Tüchtige Erfolg haben werde, womit man fast nur mehr wirtschaftlichen Erfolg im Auge hatte.

Die Ziele waren andere geworden. Die Universitäten fanden sich in eine Wirtschaftswelt hineingeschleppt und in die konkurrierenden Interessen der Nationalstaaten. Heute, da das zum Alltag gehört, mag es seltsam erscheinen, diese Entwicklung so zu betonen. Es soll aber darüber nicht vergessen werden, dass es nur einige Jahrzehnte zuvor noch um universelle Weltbilder ging und um das, was man sich unter universeller Bildung einer Zeit vorstellte.

Dieser Bericht ist nicht von ungefähr, weil sich zum Ende zeigt, dass uns Bildung als ein letztes Regulativ gegen alle Arten von Humbug und Betrug verbleiben wird.[15]

Der Wandel mit der Wirtschaft, den ich eben als den Drehpunkt für den Wandel in Wissenschaft und Bildung darstellte, legt noch eine Betrachtung nahe. Man lässt solche Darstellungen in der zweiten Hälfte des 18. Jahrhunderts in England beginnen, mit einem Hinweis auf den Zusammenhang von Bevölkerungswachstum, Kapital und Nachfrage, puritanischem Arbeitsethos, Welthandel und Kolonialismus.

In Mitteleuropa schloss sich dieser Wandel der folgenden Jahrhundertwende an und erreichte in der zweiten Hälfte des 19. Jahrhunderts den größten Wachstumsschub. Firmen, beispielsweise von THYSSEN oder KRUPP gegründet, begannen 1870 mit siebzig Arbeitern, 1970 waren es über sechzig Unternehmungen mit fast hunderttausend Arbeitsplätzen. Ähnlich vollzog sich das Wachsen der Banken. In der zweiten Hälfte des 19. Jahrhunderts stiegen die Kapitalbewegungen auf das Hundertfache.

Man kann nicht sagen, dass die Universitäten dagegen verzwergten. Auch sie wuchsen, aber doch in Abhängigkeit von den ange-

34

deuteten Entwicklungen. Es versteht sich, dass riesige Industrien Forschung benötigen, dass sie diese als „Industrieforschung" selber machten, sich eine entsprechende Lehre von den Universitäten erwarteten und dass die geeignetsten Absolventen auch die besten wirtschaftlichen Chancen hatten.[16]

Die Universitäten reagierten mit zwei Entwicklungen, deren Zusammenhang man leicht übersehen kann: mit der Ausformung und Ausgliederung polytechnischer Fächer und der positivistischen Philosophie. Dieser Vorgang hat im Paris des 18. Jahrhunderts seine Wurzeln, führte aber erst im 19. Jahrhundert zu großem Einfluss.

Einige Beispiele: 1815 entstand die TU (Technische Universität / damals Hochschule) Wien, 1840 die Montan-Union (Bergbau-Hochschule) in Leoben, 1854 die ETH (Eidgenössische Technische Hochschule) in Zürich, 1865 das MIT (Massachusetts Institute for Technology) in Boston. Gründungen, die sich in kaum einem halben Jahrhundert vollzogen. Man wird die Bewegung nachfühlen, die da herrschte. Ein Jahrhundert später, 1949, folgte CERN (das Atom-Forschungs-Zentrum) in der Schweiz. Technik und Spezialisierung sind gefragt, Verschränkung von Grundlagenforschung und Praxis, mit Bedacht auf die externe Konkurrenz gegenüber einer internen Zusammenarbeit, und das alles noch vereint durch ‚logisches Denken'.[17]

In der Zeit, von der ich berichtete, wurden die Wiener Physiker ERNST MACH und LUDWIG BOLTZMANN geboren, Positivisten, deren Wirken von Wien aus großen Einfluss auf die Entwicklung der Wissenschaftstheorie überhaupt nahm. In der Folgegeneration wird dies einen Wandel vom sensualistischen oder pragmatischen Positivismus zu einem Logischen Positivismus nach sich ziehen. Die beiden Strömungen sind wohl zu unterscheiden.

Dieser Wandel, in dem RUDOLF CARNAP im so genannten Wiener Kreis eine geistige Mitte bildete, hat die Logik jener neu entstandenen technischen Welt legitimiert und tat damit weltweit Wirkung auf die weitere geistige Strukturierung der Hohen Schulen. Kennzeichnend für diese Entwicklung ist schon der Titel eines der

35

Hauptwerke von CARNAP: *Der logische Aufbau der Welt* – wo wir heute doch dringlicher auf einen ‚weltlichen Aufbau der Logik' Bedacht nehmen müssten.

Damit festigte sich nun auch eine logische Theorie der Naturwissenschaften, die sich mit ihren Exaktheitsansprüchen als eine ‚positive' Theorie der Wissenschaften schlechthin darstellte. Das sei nicht zu unterschätzen, denn damit wurde die Wahrnehmung wechselseitiger Ursachen, nämlich aus Unter- wie auch aus Obersystemen, völlig verdrängt. Die Hermeneutik oder ‚wechselseitige Erhellung' wurde aus der Zunft wissenschaftlicher Methoden ausgeschlossen. WOLFGANG STEGMÜLLER – ich greife jetzt einige Jahrzehnte vor –, einer unserer großen Enzyklopädisten zeitgenössischer Wissenschaftstheorie, bringt den vermeintlich hermeneutischen Zirkelschluss auf den Punkt: Man könne nicht A aus B erklären, wenn B aus A erklärt werden muss. Die hier entstandene Verwirrung, ein Teufelskreis, wird noch aufzuklären sein.

Was aber mit dieser Entwicklung folgte, ist eine fast schon unumstößliche Festigung der Wissenschaftstheorie des Reduktionismus. Auch dieser Terminus wurde schon erwähnt, seine vermeintliche Rechtfertigung gehört geschichtlich hier her, seine Formen und die Schwierigkeiten, die er produzieren wird, bleiben noch ausführlicher darzustellen.

Im Ganzen finden wir uns in einer horriblen Situation wieder: Ein immer radikaleres Eingreifen in die Welt wird von einer Philosophie legitimiert, deren Logik erst dann schlüssig erscheint, wenn sie sich von der ‚schmutzigen Wirklichkeit' abhebt.[18]

Die *Expansion der Universitätsfächer* lief mit dieser Entwicklung parallel. Als ich 1946 an der Uni Wien zu studieren begann, gab es im Fach Zoologie einen Professor, zwei Assistentinnen, eine Sekretärin und einen Laboranten. Als ich, zurück aus den USA, 1971 die Leitung des Instituts übernahm, brachten wir es auf acht Professoren und Abteilungen mit insgesamt 77 ständigen Mitarbeitern.

Andere Institute hatten sich sogar vervielfacht. Die Physik hatte sich in die Experimentalphysik, Festkörperphysik, Theoretische Physik, Radiumforschung und Kernphysik aufgespaltet, mit zwanzig

36

Professoren und insgesamt 180 Mitarbeitern; die Chemie errichtete Institute für Organische, Analytische, Physikalische, Anorganische, Theoretische Chemie und Biochemie mit einem ebensolchen Personalstand.

In den Geisteswissenschaften erfolgte eine ähnliche Differenzierung. Neben dem Historischen Institut gab es nun Institute für Numismatik und Vorislamische Geschichte, für Österreichische Geschichtsforschung, Zeitgeschichte, Wirtschafts- und Sozialgeschichte, für Osteuropäische Geschichte und Südostforschung; allerdings schon in bescheideneren Maßen, Numismatik / Vorislamistik war beispielsweise mit nur einem Professor, einem Assistenten, einer Schreibkraft und einer Raumpflegerin besetzt.

Was bedeutete zunächst diese Differenzierung? Gewiss wurde damit dem allgemeinen Wachstum Rechnung getragen. Dazu mussten die anwachsenden Stoffgebiete gedrängt haben, was weitere Spezialisierungen zumindest nahe legte. Es fällt schwer, zu beurteilen, inwieweit sich die in den zergliederten Gebieten wirkenden Gelehrten um ihre persönliche Weitsicht und Bildung bemühten. Vorausgesetzt war diese Bemühung für die Karriere jedenfalls nicht mehr. Man nennt das eine Erscheinung des Zeitgeists, der nun nach dem so genannten Fachmann verlangte.

Elefanten und Orchideen. Schon in diesen siebziger Jahren, von welchen ich berichtete, gab es den Begriff der „Orchideenfächer". Man meinte damit, noch ziemlich liebenswürdig, so etwas wie den Schmuck, den sich eine Universität immerhin zu leisten hätte.

Das Schicksal dieser Orchideenfächer zeichnete sich damit aber auch schon ab. Ein ‚Epiteton ornans', ein schmückendes Beiwerk, wurde, wenn auch schmückend, doch zum Beiwerk, und die Administration schien sich zu fragen, ob man sich in der rauen Welt der Konkurrenz von Wirtschaft, Industrie und Staaten, bei stets begrenzten Mitteln, Verzierungen noch leisten könne. Schließen wollten die Unterrichtsbehörden solche Fächer nicht. Man trug, was ganz interessant ist, der öffentlichen Meinung Rechnung, die immerhin noch so sensibel war, die Schließung von Hochschulfächern für einen Mangel an Kultur zu halten. Man konnte diese

Fächer aber aushungern, Budgets kürzen und Stellen nicht nachbesetzen.

Von solchen Schicksalen waren vor allem die Geisteswissenschaften betroffen. Zwergfächer waren die Byzantinistik, Ägyptologie, Indologie, Tibetologie und Sinologie, aber auch die Klassische Philologie erkannte sich als ,sterbendes Fach'. Viele andere Disziplinen ließ man vegetieren. Man wollte sie weder anrühren noch fördern.

An diesen Befund schließt die Gretchenfrage an: Wozu braucht man heutzutage noch Gräzistik, Tibetkunde oder Sinologie? Die Beantwortung aber ist eine Bildungsfrage. Die bescheidenste Reflexion macht dies deutlich: Schon etwas Gräzistik befähigte uns, ein eigenes Urteil über die aristotelischen Ursachenbegriffe zu bilden, mit etwas Tibetologie gelangten wir zu einem Urteil über eine höchst humane Wirtschaftslehre und mit Sinologie zu einem kritischen Urteil über unsere eigene, seltsame und der komplexen Welt nicht entsprechende Logik.

Ich kann aus meiner eigenen Studienerfahrung hinzufügen, dass ich das Wesentlichste, das ich zum Verständnis komplexer Organismen später gebraucht habe, in wenigen Vorlesungen der Ägyptologie erlernt habe: den zweiseitigen oder rekursiven Vorgang bei der Schriftentzifferung. Vorlesungen, die damals in meinem ,philosophischen' Studienbuch noch mit den Kollegs für Biologie aufsummiert wurden.

Nun soll gewiss nicht angedeutet sein, dass jedermann solche Einsichten erwerben müsse. Aber als Gretchenfrage muss das erlaubt sein. Es ist, wenigstens von den Hohen Schulen ausgehend, ein Bildungshorizont zu erwarten, der eine zureichende Zahl von Akademikern auf den Plan ruft, um solche Fragen aufzuklären.

Von Wissenschafts- oder Bildungsministern wurde die Frage der Rentabilität von Hochschulfächern vorerst nicht gestellt. Das getraute man sich noch nicht, aber von Finanzministern konnte man schon hören, was denn etwa die Tibetologie zum BIP, dem Brutto-National-Produkt, beizutragen hätte. Und heute halten es bereits Bildungsminister für notwendig, dass Vertreter der Wirtschaft in die steuernden Gremien der so genannten autonomen Universitätsverwaltung einzutreten haben. Das Dilemma zwischen einem Mangel

38

an Mitteln und der Aufgabe, dem Ansehen ihrer regierenden Fraktion nicht zu schaden, führt zu solchen Ergebnissen.

Gibt es *verzierende, gefährdende und nicht gefährdende Fächer?* Das ist nun eine Gretchenfrage ganz anderer Art.

Verzierende Wissenschaften, wie eben dargelegt, kann es nicht geben. Im Gegenteil: Die Kultur der Wissenschaften ist im Ganzen die Zierde einer jeden Zivilisation. Und es ist auffallend, dass keines dieser vermeintlichen Orchideenfächer uns irgendwie gefährdet hätte. Alle zusammen erweitern unsere Bildung.

Was aber könnten „gefährdende" Wissenschaften sein? Grob gesagt sind es jene, deren falsche Paradigmen dazu einladen, in komplexe Systeme, namentlich Leben und Umwelt, einzugreifen, ohne die Strukturen des Komplexen verstanden zu haben. Das soll uns im folgenden Kapitel ausführlicher beschäftigen.

Was hier noch zu überlegen bleibt, steckt in der Frage, was nun „nicht gefährdende" Wissenschaften wären. BERTOLT BRECHT lässt in seinem Schauspiel Galileo Galilei den schon unter Hausarrest stehenden alten Meister sagen: „Es ist meine Ansicht, dass die einzige Aufgabe der Wissenschaften darin bestehen muss, die Mühseligkeiten der menschlichen Existenz zu mildern." Wenn ich diese Passage in Vorlesungen zitierte, wurde das gerne akzeptiert; es sei nur noch angemerkt, dass man Leben und Umwelt im Ganzen schützen müsse.

Man müsste aber BRECHT schlecht kennen, um hier nicht eine Fußangel zu erwarten. Denn wessen Mühseligkeiten hätte GALILEI mit seiner Lehre gemildert? Die Inquisition hat er wieder aufgeweckt. Vorsicht ist also geboten.

Hilfreich und nicht gefährdend sind die Produkte der meisten Wissenschaften. Erstens zählen dazu jene Wissenschaften, die nicht in die Welt eingreifen, sondern nur versuchen, sie zu verstehen, zweitens solche, die eingreifen, aber deren Eingriffe nicht das Komplexe betreffen, und drittens solche, deren Wirkung ins Komplexe reicht, die diese Komplexität aber verstanden haben. Tatsächlich lohnt es, die drei genannten Kategorien noch einmal unter die Lupe zu nehmen.

Erstens jene Wissenschaften, die nur verstehen wollen. Man hat den Eindruck, dass hierzu die beschreibenden, nicht experimentellen

39

Wissenschaften zählen. Das müssten die morphologisch und strukturalistisch konzipierenden Geistes-, Sozial- und Biowissenschaften sein. Man fragt sich, worin könnten sie schaden? Und dennoch gibt es hier Grenzen, an denen Schaden gestiftet wird. Sir KARL POPPER nennt in diesem Zusammenhang die Lehren von HEGEL und MARX. Die Schäden ergeben sich aber nicht mit dem Durchdenken von Welt- und Wirtschaftsstrukturen, sondern mit Extrapolationen in Gebiete, deren Komplexität noch nicht durchschaut wird.

Das erinnert an den Spaß von BERTRAND RUSSELS Huhn, das mit jedem Tag der Fütterung seinen Fütterer noch mehr für seinen Wohltäter halten musste, ohne wissen zu können, dass es gefüttert wird, um im Suppentopf des Wohltäters zu landen. Der Zusammenbruch erfolgt am Gipfel der Überzeugung. Erste Bildungsaufgabe: das ‚Wahrnehmen unerlaubter Extrapolation‘.

Zum Zweiten sind wissenschaftliche Eingriffe gemeint, die nicht ins Komplexe reichen wollen. Hierher scheint alles zu gehören, was unsere Gesundheit und Sozialisierung fördert. Man wird zuerst an Medizin und Pharmakologie denken. Gewiss sind die Schienung eines Knochenbruchs, die Entfernung eines eitrigen Wurmfortsatzes am Blinddarm und die fiebersenkende, bakterientötende Pharma so segensreich wie Präventivmedizin und Gesundheitsübungen. Aber alle diese Interventionen grenzen ans Komplexe, und es geht wieder darum, solche Grenzen zu erkennen.

Mit der Sozialisation wird das noch schwieriger. Wir sind uns ziemlich sicher, dass gute Familien, Kindergärten, Schulen und Besserungsanstalten zur Sozialisierung beitragen. Die Grenzen sind nun von verkappter Art. Sie liegen nahe an Ideologien und Weltanschauungen, von deren Richtigkeit man nicht überzeugt sein muss. Zweite Bildungsaufgabe: ‚Wahrnehmung von Vernetzung‘.

Drittens, das Schaffen von Bequemlichkeit erscheint zunächst am wenigsten bedenklich. Was allein Metallurgie und Kunststoffforschung an trefflichen Materialien geschaffen haben, man denke an die Technik der Eiskästen und Mikrowellen, Klimaanlagen, Fernseher, Computer, an das Automobil und den Flugverkehr. Das alles sei nicht zu übersehen. Aber auch an diesem Ende der Liste tauchen die Grenzen auf. Man wird sich an Tankerunfälle und ölverschmierte

Küsten erinnern, an Gas- und Staubmissionen durch Verkehr und Industrie, an verdorbene Wälder und Kulturen und an das Ozonloch oder überhaupt die Verpestung von Lebensmitteln, Böden, Wasser und Atmosphäre vor Augen haben.

Zunächst ist nicht leicht einzusehen, warum mein Eiskasten und meine Klimaanlage schaden sollten. Man muss New York im Sommer erlebt haben, mit Millionen von Eiskästen und Klimaanlagen, um wahrzunehmen, wie viel an zusätzlicher Hitze in die Atmosphäre geblasen wird. Kein einzelner schadet, wir sind aber für diese Welt zu viele, zu tüchtig und zu anspruchsvoll geworden. Die Grenzen liegen hier in der Masse begründet, und die Bildungsaufgabe verlangt, mit Emergenzen zu rechnen, mit dem Auftreten nicht vorhersehbarer neuer Phänomene, etwa damit, dass schon quantitative Änderungen notwendigerweise zu neuen Qualitäten führen.[19]

Grenzen und Zusammenhang. Ich erzählte, dass ich in meinem Studium, dank der Freiheiten einer Philosophischen Fakultät, Kollegs in Ägyptologie und Biologie angerechnet bekam. Als ich 1971 nach Wien zurückberufen wurde, fand ich drei Fakultäten vor: die Naturwissenschaften, die Geisteswissenschaften und eine dritte Fakultät, die so genannten Grund- und Integrativwissenschaften. Fremdsprachigen Ausländern war das nicht leicht zu übersetzen.

Ich denke, dass mit dieser Dreiteilung die zu scharfe Grenze zwischen Natur- und Geisteswissenschaften entschärft werden sollte. Die heute für Österreich geplante Universitätsstruktur sieht 19 oder 15 Nachfolgefakultäten der alten Philosophischen vor. Man hat bemerkt, dass die Grenzen der drei genannten Fakultäten zu künstlich waren, und rettet sich vermittels noch dünnerer Grenzen. Meiner Meinung nach sitzt man damit der Suggestion unserer Sprache und der ‚definitorischen‘ Art unserer Logik auf, die uns beide eher Grenzen als Zusammenhänge zu denken nahe legen.

Freilich kann die Lösung nicht in einer Fülle neuer Grenzziehungen liegen. Es geht um Zusammenhänge. Die Disziplinen sollten vielmehr angeben, in welchem Maße sie sich mit welchen anderen Disziplinen verflochten fühlen. Mir ist bewusst, dass auch das über Mehrheitsbeschlüsse kaum zu bewerkstelligen ist. Wer wäre meiner

Erfahrung gefolgt, die mich lehrte, dass Biologen mit dem Studium der Ägyptologie Strukturzusammenhänge erkennen können? Im Wesentlichen sollte man im Studium mehr Freiheit erlauben. Die Verschulung treibt unsinnige und verdummende Triebe. Aber ich weiß auch, dass regiert werden muss. Dazu benötigt man eine Hierarchie handhabbarer Einheiten. Mit neuen Grenzen allein ist's nicht getan.

Alles das grenzt an Bildungsfragen, die wir aufgrund der wachsenden Bevölkerungszahl, durch unsere Ansprüche und die Tüchtigkeit unseres Eingreifens, selbst durch die Art unseres Sprachdenkens heraufbeschworen haben. Und man fragt sich, an welchen unserer Universitäten darüber unterrichtet wird. Muss man annehmen, dass das Wachstum unserer Hohen Schulen selbst zu diesem Mangel beigetragen habe?

e) Forschungsförderung und Industrie heute

Um in der gegenwärtigen Situation nicht am Wesentlichen vorbeizureden, sich nicht in die Tasche zu lügen, ist von den Dilemmata, denen noch zu begegnen sein wird, eines gleich an den Anfang zu stellen. Es verbinden sich darin zwei Umstände, deren Zusammenwirken auch nicht gleich zu sehen ist: Bildungsförderung und Sprachwandel.

Die Aufwendungen für den Erhalt und Betrieb unserer Hohen Schulen sind enorm gewachsen, und es ist eine Art Ehrensache, im internationalen Vergleich einen angemessenen Betrag des Staatshaushalts für Universitäten aufzuwenden. Das aber ist immer schwierig, wenn man bedenkt, wie viele Löcher allein im Sozialen immer noch zu stopfen bleiben.

Es war darum für Universitätserhalter, Forscher und Industrie gleichermaßen nahe liegend, Verbindungen zwischen Forschung, Lehre und Wirtschaft herzustellen. Die Forschung brauchte immer mehr Mittel, die Industrie immer mehr Kenntnisse. Mit der Globalisierung braucht die Wirtschaft Kenntnisse weltweit und unabhängig von Tradition und Kultur. Umso mehr wird man vor Augen ha-

42

ben, dass es nicht Bildung ist, durch welche Industrien meinen überleben zu können, sondern Ausbildung.[20]

Ein zweiter Umstand hat mit Sprache zu tun. Das Englische ist
nicht nur in wirtschaftlich mächtigen Nationen heimisch. Die Hin-
nahme von Hegemonien, also die Bevormundung durch Großmäch-
te, und die Entfaltung der Globalisierung haben diese Sprache schon
fast der ganzen Welt aufgedrängt. Das Englische hat aber keinen Begriff für „Bildung". „Education" ist noch das passendste Äquivalent,
und auch das meint nur „Ausbildung". Wie also sollte eine Welt, die
keinen Bildungsbegriff mehr haben wird, Bildung als das entschei-
dende Regulativ gegen den sich häufenden Unfug begreifen?

Man sollte darum gleich an den Folgeumstand denken, dass oft
gar nicht mehr verstanden werden kann, was gemeint ist, wenn von
Bildung die Rede geht, von der man sich in den alten Kulturen die
Lösung unserer Weltprobleme erwartete. Auf beides komme ich
zurück.

Wirtschaftsumfänge und Verantwortung, diese beiden Begriffe kann
man auch zusammen sehen. Nationale Industrien werden von multinationalen Konzernen vereinnahmt. Diese sind, solange sie nicht ein-
gebremst werden, auf dem Wege, an Stelle nationaler Demokratien
die eigentlichen Regenten der Welt zu werden. Auch das zu sehen,
ist schon eine Bildungsfrage.

Man sagt, dass diese Phänomene mit den Gesetzen des Kapitalismus, mit Gewinnmaximierung, Auslagerung der Produktion in Bil-
ligländer, mit Hungerlöhnen und mit gnadenloser Konkurrenz zu
tun haben. Man wird daher auch wissen, dass Wirtschaft bei steilen
Machtgefällen in den Modus der Erpressung übergeht; dass so genannte Multis sich sogar dazu angeleitet sehen, in fremden Ländern
mit paramilitärischen Einheiten ihre Interessen durchsetzen zu lassen; dass Märkte in Entwicklungsländern zugrunde gehen, weil die
in Industriestaaten subventionierten Produkte billiger sind. Das
Aufzeigen wirtschaftsbedingter Mechanismen ist nicht gerade unser
Thema, doch soll am Rande daran erinnert sein, worum es in Wahrheit geht.[21]

43

Auch an Verantwortung ist zu denken. Man wird diese am ehesten über nationale Interessen nachvollziehen können. Keine Nationalökonomie will es sich leisten, einen Konzern mit einer Vielzahl von Mitarbeitern zu Grunde gehen zu sehen. Das hat humanitäre und wirtschaftliche Gründe. Im internationalen Maßstab ist die humanitäre Komponente nicht gleich erkennbar. Man wird an die Interessen der investierenden Kapitalbesitzer denken. Und dennoch sind es wieder viele Mitarbeiter und Familien, nun in mehreren Ländern, für die ein Zusammenbruch des Konzerns den Ruin bedeutet.

Industrieforschung heute, so kann gezeigt werden, wendet mehr Geld auf, als für die ihnen zuliefernden Fächer aller Universitäten zusammen ausgegeben wird. Diesen Befund legt schon das Zahlenverhältnis nahe, nämlich das zwischen den Mitteln der zuliefernden Fächer und dem Kapitalaufwand der an ihnen interessierten Konzerne.[22]

Die Wirtschaft, wendet man nun einen Begriff aus ihrer eigenen Welt an, wird damit auch in der Wissenschaft ‚marktführend‘. Das bedeutet, dass sich Universitätsfächer, wollen sie weiter an der Forschungsfront bleiben, den in der Industrieforschung vorgegebenen Maßen und Richtungen anzuschließen haben.

Besieht man diese Situation mit einem Blick auf Geschäftspraxis, Kapitalmarkt, Geheimhaltung, Patentierung und Konkurrenz, dann kann es keine Böswilligkeit sein, wenn festgestellt wird, dass es weniger um sensible Aufklärung von komplexen Zusammenhängen in unserer Lebenswelt geht als um forsches und risikobereites Eingreifen und um die Schaffung von am Markt erfolgreichen Produkten. Natürlich geht es auch um Grundlagenforschung. Das wurde schon erwähnt und wird uns weiter befassen. Aber es geht eben nur um die Grundlagen für die Sicherung der eigenen Produktion.

Die *Förderung von Universitätsfächern* ist von dieser Position aus zu verstehen. Dabei ist nicht zu verkennen, wie viel die Konzerne für das tun, was wir Kultur nennen. Allein in Deutschland schütten Konzerne wie Thyssen, Krupp oder Volkswagen beträchtliche Summen für Stiftungen aus, deren Themen relativ weit gestreut sind.

44

Aber die Umfänge, nach denen die Stiftungen ihre Mittel verteilen, sind jenem Gradienten nahe verwandt, den wir zwischen den Elefanten- und Orchideenfächern schon kennen gelernt haben.[23]

Natürlich will man sich der Kultur nicht entfremden. Man muss aber doch den Erfolg des Konzerns im Auge behalten, und das – ohne zynisch werden zu dürfen – auch im Hinblick auf die Stiftungen, weil beim Zusammenbruch des Konzerns auch keine kulturellen Stiftungen mehr möglich wären.

Nun ist, um nicht einseitig zu werden, auch über Einzelfälle zu berichten, die nicht leicht wahrnehmbar sind. Das sind jene Fälle, wo einer versierten Person mit gediegenem Eigenkapital oder großem Einfluss auf den Konzern, Sorgen entstanden sind hinsichtlich der Produkte und ihrer Wirkung auf die komplexen Zusammenhänge in unserer Lebenswelt. Meist geht ein solches Engagement auf persönliche Bildung zurück, es sind selbstgewonnene Einblicke in das, was wir als Reduktionismus versus Holismus, reparierbare Welt versus Emergenz und Historizität, noch zu betrachten haben werden. Ich kann darüber verbindlich berichten, weil ich selbst von einer Stiftung gefördert worden bin. Ich weiß daher aber auch, dass Personen mit kritischen Studien bald auf die so genannte Abschussliste geraten. Die häufigeren Fälle, über die Stiftungskonsortien hinsichtlich der Ausschüttungszwecke bestimmen, besitzen solche Freiheiten der Verteilung nicht.

Natürlich haben sämtliche Forschungsrichtungen Zugang zu so genannten Drittmitteln. Genau besehen sind das ‚Zweitmittel‘, die nicht vom Universitätserhalter kommen, sondern von staatlichen Stiftungen oder von Konzernstiftungen über Konkurrenz gewonnen werden. Solche Gelder zu erhalten, gilt als Qualitätsausweis für den Forscher, sein Institut und sogar seine Universität. In den USA werden beispielsweise Universitäten jährlich nach dem Prozentsatz an Drittmitteln, die sie lukrieren, ‚nachgerangt‘. Ich komme auch darauf noch zurück.

Die großen Beträge fließen natürlich in vorgeplanten Bahnen. Wenn diese über staatliche Direktiven gelenkt werden, spricht man in Deutschland von „Sonderforschungsbereichen", die von Gruppen mit Einfluss vorgeschlagen und von Kommissionen beurteilt werden.[24]

45

Kennzeichnend für diese Entwicklungen ist die Einrichtung ganzer Institute aus Konzernmitteln, und es ist aufschlussreich zu sehen, welche das sind.[25]

Was die Konzerne betrifft, wird ihr Funktionieren im Ganzen von einer mörderischen Konkurrenz, und zwar von einer übernational mörderischen Konkurrenz, dirigiert. Sobald solcherart Wirtschaft in den bereits beschriebenen Mechanismus hineingeraten ist, kommt sie ihm selbst mit Bildung und humanitären Absichten nicht mehr aus.

Die Empathie, das Mitfühlen mit den Nachbarn, ist längst verloren gegangen. Da wir mehr als eine Million Jahre lang an der Kleingruppe sozialisiert worden sind, ist die Anpassungsleistung unserer Art längst in der anonymen Massengesellschaft verschwunden. Der kleine Kaufmann kann noch mit seinen beiden Angestellten mitempfinden. Die Direktion eines Multis in New York aber, der vom Zweigkonzern in London wiederholt rote Zahlen gemeldet werden, setzt mit einem Federstrich dreihundert Familien auf die Straße.

Die Wirtschaft einer Nation kann solcher Inhumanität des Neoliberalismus aus sozialen Gründen und zur Schonung unserer Umwelt wenigstens noch entgegenwirken, ein Multi kann das nicht. Und es ist wieder keine Bosheit, wenn man anfügt, dass das dem Zusammenhang von Bildung und Kultur schadet. Was kann von den Kulturen bleiben, wenn ein Konzern, steuerlich geschützt auf den Bahamas und gesteuert über die Weltbank, seine Computer von Kindern in Indien und die Tragtaschen von Kindern in China zusammensetzen lässt? Nur Gewinnmaximierung.[26]

Man sagt, dass die Mächtigen im Irrglauben leben, nicht mehr dazulernen zu müssen. Sie bringen sich und uns in Gefahr. Und nochmals ist es eine Bildungsfrage, zu erkennen, dass diesem Strudel entgangen werden muss.

46

2 Einfluss auf eine Forschung des Machbaren

An sich ist die Geschichte ganz einfach: Ökonomische Interessen haben die Wissenschaften auf ihrer Wahrheitssuche in eine Pragmatik hineingelockt, die heute die Wirtschaft legitimiert, die komplexe Welt zu manipulieren, noch bevor sie verstanden ist. Nur ein Bildungsproblem? Gewiss! Es ist aber übersichtlich zu machen.

Als riskante Wissenschaften sind jene gemeint, die den Ursachenzusammenhang der komplexen Systeme, in die sie eingreifen, nicht zureichend kennen. Das betrifft namentlich die irreversiblen Systeme des Lebendigen und der Biosphäre, die sich nach aufgetretenen Schäden als unreparierbar erweisen. Auffallenderweise gehören große Gebiete der Technik nicht zu den riskanten Wissenschaften, wiewohl sie unsere Welt am sichtbarsten verändern, und zwar deshalb, weil die Ursachenzusammenhänge meist durchschaubar und die angerichteten Schäden reparierbar erscheinen.

Kein Zweifel, die Strukturen der Forschung haben sich verändert, besonders unter der Wirkung der Wirtschaft. Und die Wirtschaft hat sich verändert, besonders unter der Wirkung der Forschung. Was aber sollte an diesem Wandel unheilig sein? Um anschaulich zu machen, dass dadurch unserer Zivilisation eine absurde Drift bekam, bedarf es einiger ausholender Bemerkungen. Wandlungen des Zeitgeistes, der Wissenschaften, der Wirtschaft und unserer Vorstellungen von der realen Welt sind zu klären und gegeneinander zu stellen.

a) Über Ausbildung und Bildung

Gleich zu Beginn ist zwei Begriffen nachzugehen, die uns zwar geläufig sind, deren unterschiedliches Gewicht aber leicht unterschätzt wird: Ausbildung und Bildung nehmen eine zentrale Stelle in dieser Untersuchung ein. „Ausbildung" bezeichnet am ehesten den Besitz einer Fertigkeit, die Beherrschung irgendwelcher Sprachen, Techniken, auch zeitgenössisch anerkannter Umgangsformen.

Weniger trivial ist *der Bildungsbegriff*. Hier ist es geraten, genauer zu sein. In Griechenland, so resümiert mein *Brockhaus* aus dem Jahr 1843, also bald nach der Goethezeit, war Bildung „Gemeingut aller Bürger, selbst die Unfreien nahmen daran Theil ... in der größten Vielseitigkeit des Lebens. Wissenschaft und Kunst, besonders Mathematik, Geschichte, Philosophie, Dichtkunst, Bildhauerkunst ... sie wurde gehoben und getragen durch heitere Lebensansicht und ästhetische Auffassung des Daseins" (Bd. 2, S. 369). „Bildung" steht am Beginn unserer Kulturgeschichte. Zudem, so war man der Auffassung, hätte sich der Begriff früher nur auf die Seele, nun aber auch auf den Geist bezogen.

Ähnlich in *Meyer* (1906, Bd. 2, S. 872): „Dem älteren Sprachgebrauch nach, wie noch immer, der eigentlichen Bedeutung von Gestaltung oder Gestalt geläufig, wird das [Substantiv ‚Bildung'] in der neuern Sprachweise vorwiegend im übertragenen geistigen Sinne gebraucht, für die Tätigkeiten des Bildens (Unterrichtens, Erziehens) und zumeist für das Ergebnis dieser Tätigkeit, den geistigen Zustand." Bildung, so meinte man, mache frei. Man erkennt die Tendenz, den Begriff in einem möglichst weiten Sinn zu gebrauchen.

Der *Brockhaus* aus dem Jahr 1967 (Bd. 2, S. 729) versteht Bildung als „den Vorgang geistiger ‚Formung', die ‚innere Gestaltung', zu der ein Mensch gelangt, wenn er seine ‚Kräfte' in der Auseinandersetzung mit den Gehalten der Kultur entfaltet". Das trifft unseren heutigen Bildungsbegriff schon recht gut, wiewohl da noch viel unter Anführungszeichen steht.

Jedenfalls geht es um ein universelles Prinzip, weshalb wir nicht von ‚Halb-Ausbildung', sehr wohl aber von ‚Halb-Bildung' reden. Selbst wenn Zivilisation durch Ausbildung entstehen konnte, unsere Kultur ist durch Bildung entstanden. Auch schreckt uns ein ‚Ausbildungs-Notstand' weniger als ein ‚Bildungs-Notstand'. So sind Bildungsaufgaben dem KANTSCHEN Begriff der Vernunft näher als dem des Verstandes. Selbst die Herzensbildung soll von unserem Bildungsbegriff nicht ausgeschlossen werden.

48

Was mir in den obigen Bestimmungen noch fehlt, ist das Aufzeigen des Zusammenhangs zwischen dem Bildungsbegriff und der Aufgabe, sich zu bilden, sowie der Verantwortung des Gebildeten. Aber vielleicht ist dieser Zusammenhang erst mit dem Umweltproblem, der Universalität der Allmende, der Globalisierung und mit dem Kampf um ein neues Völkerrecht sichtbar geworden.

Unter „Allmende", einem heute kaum mehr geläufigen Begriff, verstand man die Nutzung von Gemeinschaftsbesitz, beispielsweise der Dorfwiese. Die Art der Nutzung war sehr lehrreich, denn man konnte gemeinsam lernen und feststellen, dass alles in Ordnung ist, wenn jede Familie eine Kuh auf die Wiese stellt. Wenn jede Familie zwei Kühe draufstellt, ist die Wiese kaputt. Wir begreifen erst langsam, dass die Erde unsere Allmende ist.

Mein *Philosophisches Wörterbuch* (SCHMIDT, SCHISCHKOFF 1991, S. 79) meint: „Bildung als Schutz gegen die entpersönlichenden Mächte der Zeit wird in der demokratischen Gesellschaft zwar zu einer Lebensfrage für den einzelnen wie für die Gesellschaft. In der Tat wird sie aber soweit von der Spezialisten-Bildung (Ausbildung) verdrängt, dass man heute ohne Übertreibung von einem Untergang der eigentlichen Menschen-Bildung sprechen kann." Diesem Befund ist nachzugehen.

Fast alle vom Griechischen beeinflussten Sprachen haben den begrifflichen Unterschied von „Ausbildung" und „Bildung", wenn auch verwaschen, aufrechterhalten. Das Englische nicht. Und es ist noch gar nicht abzusehen, was es bedeutet, dass diese Sprache, die globalisierend die Welt überzieht, den Begriff „Bildung" nicht kennt oder ihn dem Begriff „Ausbildung" unterordnet.27

Die Aufklärung spielt in dem zu schildernden Wandel eine Schlüsselrolle. Man kann sich ihren Anfang in der Renaissance denken, mit Florenz als Zentrum und MACHIAVELLI als Vorläufer, mit BACON und GROTIUS in London und Delft, mit GIOVANNI BATTISTA VICO in Neapel; und man wird vor Augen haben, wie diese typisch europäische Bewegung mit MONTAIGNE und MONTESQUIEU, ROUSSEAU und VOLTAIRE sowie den Enzyklopädisten in Paris zur geistigen Befreiung der Menschen beigetragen hat. Jedenfalls begann sich republikanisches Denken zu verbreiten.

Nur auf CONDORCET will ich am Ende dieser Aufzählung noch speziell eingehen. Selbst Aristokrat, wirkte er an der in Eile entworfenen Verfassung entscheidend mit, stimmte aber gegen den Königsmord, musste flüchten, versteckte sich in einem Steinbruch, wurde aufgegriffen und starb unerkannt in einem Gemeindekotter.

Nicht minder berührend als dieser persönliche Untergang sind aber auch CONDORCETS *Zukunftsvisionen*, die er seiner *Welt- und Kulturgeschichte* anfügte, *Esquisse d'un tableau historique des progrès de l'esprit humain* (1794). Sie zeichnen ein wunderschönes, aussichtsreiches und zunächst auch durchaus nachvollziehbares Bild. Sie fließen über von Hoffnungen, die CONDORCET in die Entfaltung alles Machbaren und aller Wissenschaften setzt und schließlich in die letzte Vervollkommnung unserer Gesellschaft, ja der ganzen Menschheit. Visionen, die auf der Annahme einer ursprünglichen Güte des Menschen aufbauen und darauf, dass dieser nun einzig seine Vernunft walten lassen müsse.

„Was für ein Schauspiel bietet dem Philosophen das Bild eines Menschengeschlechts dar, das von allen Ketten befreit, der Herrschaft des Zufalls und dem Feinde des Fortschritts entronnen, sicher und tüchtig auf dem Weg der Wahrheit, der Tugend und des Glücks vorwärts schreitet.

Seine Betrachtung ist ihm eine Stätte der Zuflucht, wohin ihn die Erinnerung an seine Verfolger nicht begleiten kann; wo er in Gedanken mit dem Menschen, der in seine Rechte wie in die Würde seiner Natur wieder eingesetzt ist, lebt, und wo er den Menschen vergißt, den Habgier, Furcht und Mißgunst quälen oder verderben; dort ist er wahrhaft zusammen mit seinesgleichen in einem Elysium, das seine Vernunft sich zu erschaffen wußte und das seine Liebe zur Menschheit mit den reinsten Freuden verklärt."

Was für eine Hoffnungsvision! Und es ist nicht zynisch, sondern tragisch, sich zu fragen, ob wir uns heute – im Kotter der Aufklärungsfolgen – daran erinnern und ob er, damals im Gemeindekotter, wohl an diese Sätze gedacht hätte. (Zitiert aus der Schlusspassage der „zehnten Epoche" von CONDORCETS *Zukunftsvisionen*)[28]

50

Ein *Zeitgeist des Machbaren* war die bekannte Folge. In großen Mengen begann geliehene Energie, zunächst Kohle, die Industrialisierung anzukurbeln. Feudalherren und Leibeigene wurden, aufgrund neuer Machtverhältnisse, durch Konzernchefs und Arbeitermassen ersetzt. Aus dem Machen entstand ‚der Macher‘, eine neue Form des Erfolgsmenschen; schließlich begannen Kapitalmassen rund um die Welt zu driften. Die Differenzierung nationalstaatlicher Kulturen wurde zunächst aufgrund hingenommener Abhängigkeiten von den Mächtigeren lokal und schließlich durch die Globalisierung weltweit eingeschränkt. Das ist uns wohl vertraut. Und CONDORCET ist seine Täuschung ebenso wenig vorzuwerfen wie DAIMLER die Massenkarambolagen auf den Autobahnen anzulasten sind.

Alles begleitet von närrischen Dingen. Europa wurde für die US-Amerikaner eine Art zu teures, ungepflegtes Disneyland, die Insulnide für die Europäer Ziel des Sextourismus, Folklore wurde in aller Welt zum Touristenzirkus und selbst bildende Kunst zum Spekulationsobjekt.

Für unser Thema ist das Entstehen neuer Machtdimensionen von Interesse: die militärischen Netzwerke, aber besonders die so harmlos erscheinenden wirtschaftlichen. Wenn seit dem Beginn unserer Weltgeschichte und bis über die Aufklärung hinaus Macht durch Landraub und die alten Formen der Kolonialisierung vergrößert wurde, so ist es im heutigen Neokolonialismus der Kapitalraub, der eine Zunahme der Macht bewirkt. Dabei geht es nicht mehr um die Erweiterung geschlossener Territorien und das Einheben von Tributen, sondern darum, mit eigenem Kapital, wo immer sich in der Welt Niederungen militärischer und wirtschaftlicher Macht andeuten, zu kolonisieren.

Es ist eine globale Geschäftswelt zur Verhandlung von Machverhältnissen entstanden, in der es darum geht, in Konkurrenz und ohne Ethos die eigenen Erhaltungsbedingungen zu sichern; dies gilt von Staatenbünden über Einzelstaaten und ihre Institutionen (Versicherungen, Banken, politischen Fraktionen), Konzerne und Subgruppen der Wertschöpfung bis zu den Individuen.[29]

Tiefbohrungen gefragt. Begriffe, wie sie im Laborjargon moderner Forschung entstanden, sind kennzeichnend dafür, dass die Macher auch in die Welt der Wissenschaften eingezogen sind. Es geht bei diesen tiefen Bohrungen nicht um die Aufdeckung irgendwelcher Weisheiten oder Grundbedingungen unserer Existenz, sondern, ganz im Sinne eines Schachtes oder Bohrturms, darum, auf Gold zu stoßen, auf Öl oder doch wenigstens auf gasförmige Macht, auf Erdgas. Die Unternehmung, die ja immerhin etwas kostet, muss auch Gewinn bringen.

Man mag den Einzug solcherart Geschäftsgeists in die heiligen Säulenhöfe und Akademien als eben zeitgebunden noch belächeln, in der Konsequenz wird's gefährlich. Es ist zu bedenken, dass das Nobelste, das Wissenschaft von ihrem Beginn bis in unsere Tage begleitet hat, darin bestand, alle Entdeckungen allen, wenn man will ‚dem ganzen Wohl der Menschheit', frei zu Kritik oder Nutzen verfügbar zu machen.

Nun zeigt es sich, dass die wirtschaftlich interessanten Entdeckungen erst in den Safes der Konzerne verschwinden, dann patentiert werden, um aus den Patenten nach dem Prinzip der Gewinnmaximierung nochmals Kapital zu schlagen. So wird selbst mit der Aufschlüsselung des menschlichen Genoms umgegangen. Früher war jede neue Perspektive der allgemeinen Kritik ausgesetzt, was immerhin einen Filter gegen die Verbreitung baren oder gefährlichen Unsinns bedeutet hat. Auch das fällt weg.

Nun ist dieser Einbruch wiederum nicht auf irgendwessen Bosheit oder auf antiwissenschaftliche Verschwörungen zurückzuführen, sondern auf ganz alltägliche, schleichende Veränderungen in unserer Zivilisation und ihren Wissenschaften.[30]

b) Die Zerteilung der Wissenschaften

Die beträchtliche Zunahme der Wissenschaftler und Publikationen kann als erster Grund für die Zerteilung der Wissenschaften angegeben werden. Davon war schon die Rede. Durfte man von einem Gelehrten in der Renaissance noch erwarten, das ganze Wissen seiner

Zeit zu überblicken, so war das in der Goethezeit nur mehr einem Genie wie ALEXANDER VON HUMBOLDT möglich. Sein Maß an Bildung hat sich als Bildungsideal freilich auch in unsere Zeit hinein geschleppt, solche Bildung ist aber schon aus äußeren Gründen für viele nicht mehr zu erreichen.

Das beruht auf drei Umständen, die es lohnt, noch näher zu besehen.

Eine Flut von Dokumenten und Sprachen ist so sanft angeschwollen, dass keine der betroffenen Generationen Widerstände produzieren konnte. Schon in meiner Studentenzeit konnte ich für die Tierkunde errechnen, dass ich zum Lesen der in einem Jahr produzierten fachspezifischen Texte fünfunddreißig weitere Jahre benötigen würde. Heute werden es an die hundert Jahre sein. Spezialisierung war also damals schon eine Bedingung wissenschaftlichen Überlebens. Diese Einsicht mag noch trivial sein.

Es ist aber nicht trivial festzustellen, dass wir schon als Studenten die Unvergleichbarkeit der Wissenschaftssprachen als eine Selbstverständlichkeit hinnahmen. Sie war offenbar von Haus aus gegeben. In der Physik redete man von Protonen, in der Chemie vom Kohlenstoffring, in der Biologie von Zähnen und in der Psychologie von Schizophrenie. Die Fachsemantik keiner dieser Wissenschaften kam in einer anderen vor. Offenbar war die Welt zerteilt worden.

Erst viel später begriff ich, dass es in der Evolution der komplexen Dinge dieser Welt Phasenübergänge gibt, in denen Emergenzen auftreten. Sie werden für unsere Begrifflichkeit mit dem Auftauchen neuer Eigenschaften kenntlich, die selbst in Spuren in ihren Konstituenten nicht gegeben sind und sich auch mit einer vollständigen Kenntnis der Emergenzen hätten nicht vorhersehen lassen. Es ist ja keine Frage, dass die Eigenschaften von Zähnen Protonen voraussetzen und Schizophrene meist noch Zähne besitzen. Aber die Eigenschaften der Schizophrenie erklären sich weder aus Zähnen, noch erklären sich Zähne aus Protonen.

Diese Einsicht wurde nicht unterrichtet und wird auch heute nicht unterrichtet. Weder der Physiker noch der Psychologe haben Ursache dazu. Und ich kann angeben, dass viele meiner Lehrer das

Phänomen der Emergenz nicht beachteten oder davon nicht einmal wussten. Wenn sie aber davon wussten und sich die Kenntnis schließlich als gefährlich erweisen sollte, wurde das Wissen darum als unwissenschaftlich oder die wahre Wissenschaft störend ignoriert.[31]

In Wirklichkeit gibt es keine zerteilte Welt. Vielmehr zerfallen die Dinge aufgrund der Struktur unseres Auffassungsvermögens, das immer noch von unserer Erfahrung mit dem Baukasten angeleitet wird, eben weil dessen Möglichkeiten dem menschlichen Vermögen nachgebaut sind.

So ist es auch kein Wunder, dass sich die Fächer selbst aufgeteilt haben, weil zu viel Stoff entstand, unterschiedliche Problemlagen und Sprechweisen, sogar intradisziplinär widersprüchliche Theorien aufgetaucht sind. Man kann das mit der Entfaltung von Blüten vergleichen, aber auch mit der Unterteilung der Wandelhalle in Gefängniszellen.

Synthesen und Zusammenschau hätten der Flut der Fragmentierung freilich begegnen können, und in einer gewissen Weise geschieht das ja auch. Das zeigen unsere Monographien, Kompendien und Lehrbücher. Aber alle tragen sie den Namen eines Faches oder Subfaches. Und in Lehrbüchern ist man überhaupt dazu übergegangen, nur mehr das aufzuzählen, was man für ‚harte Fakten‘ hält: Prüfungsstoff. Die Problematik, die Unsicherheiten und Widersprüche in einem Stoffgebiet werden weggelassen. Damit ist der Übergang von Bildung zu Ausbildung nochmals zementiert.

Wenige haben gewarnt. ERWIN CHARGAFF hat es ausführlich getan. ERWIN SCHRÖDINGER, der als Erfolgsmann unverdächtig ist, hat das Dilemma auf den Punkt gebracht: „Wenn wir noch einmal aus diesem Schlamassel herauskommen wollen", sagt er, „so nur dann, wenn sich einige von uns an die Zusammenschau wagen, selbst auf die Gefahr hin, sich lächerlich zu machen".

Doch mit dem Aufstellen von Synthesen läuft man nicht nur Gefahr, sich lächerlich zu machen. Es gibt noch trivialere Gründe. Man wird dafür auch nicht honoriert. Da nun viele Wissenschaftler auf keinem anderen Gebiet etwas gelernt haben als in ihrer Wissenschaft

54

– und das meist entbehrungsreich –, so ist doch jedem die Frage zu gestatten, wovon man leben soll.[32]

Beschränkung der Verantwortung ist die gefährlichste Folge der Zerteilung. Wenn ein Wissenschaftler nur mehr mit der Decodierung eines Strukturgens der Niederen Würmer befasst ist oder mit der Reflexion von Elektronen an Kohleschichten, dann ist er weder für die Folgen der Genmanipulation noch für jene der Atomspaltung verantwortlich zu machen. Zweifellos bedeutet das für ihn einen Schutz.

Es soll nun nicht gesagt sein, dass Wissenschaftler ihr Gebiet verkleinern, um sich der Verantwortung zu entziehen, manche vielleicht. Gewiss aber ist, dass die Zerteilung der Wissenschaften einen Schutz in zunehmendem Maße bietet und dass dieser keineswegs zu den Unbequemlichkeiten eines Forscherlebens zählt. Es ist angenehm, im unangefochtenen Rotwelsch einer der vielen Wissenschaftssprachen zu verbleiben, sich zu Veranstaltungen zu treffen, deren Themen man kennt, und sich unter Gleichgesinnten im gleichen Sinne auszutauschen.

Im Ganzen aber entsteht ein gespenstisches Bild, namentlich wenn man das heute kaum mehr überschaubare Heer der Forscher bedenkt. Man kann sich von diesem eine Vorstellung machen, wenn man erfährt, dass im Augenblick mehr Forscher tätig sind als in allen Zeiten bisheriger Wissenschaft.

Es entsteht *eine unverantwortete Macht.* Ich nenne sie nicht „unverantwortlich". Unverantwortbar können freilich ihre unverantworteten Produkte sein. Es genügt, dass sich die Majorität jenes enormen Heeres der Verantwortung nicht verpflichtet fühlen muss.

Über das Ethos des Wissenschaftlers ist schon viel geschrieben worden, und vielen wird der Besitz des nötigen Ethos auch zugebilligt. Viele aber haben gar keine Lust, vielfach nicht einmal die Möglichkeit, über die Grenzen ihres Spezialthemas hinauszugehen. Sie sind dazu nicht ausgebildet. Und das ist wieder nicht der Masse der Wissenschaftler vorzuwerfen, vielmehr gründet das Dilemma in den Strukturen und Lehrvorschriften der Universitäten, an denen sie ausgebildet wurden.

55

Es ist auch behauptet worden, dass keine Bevölkerung beliebig viele Reserven an angeborener hoher Intelligenz besitzen kann und dass darum eine beliebige Zunahme der so genannten geistige ‚Elite' nicht zu erwarten sei. Eine Diktatur der Mittelmäßigkeit wird daher befürchtet.

Wie dem auch sei. Ich werde zu zeigen haben, dass ein ganz anderes Problem große Wirkung auf diese nicht mehr verantwortbare Situation tut: der Mangel an Einsicht in Erkenntnisfragen und Wissenschaftstheorie.

In der Regel stellt man sich Erkenntnis- und Wissenschaftstheorie als Spezialfächer vor, die etwas mit Logik oder Philosophie zu tun haben könnten. Nun besitzt man Logik ja ohnedies, Philosophie hingegen habe mit Wissenschaft nicht mehr viel zu tun. Eine Sache für Grübler. Trostlos wird der Umstand, wenn man meint, die Theorie von der Praxis unterscheiden zu müssen, da man doch Praktiker ist.

Man sollte sich bewusst sein, dass Ergebnisse einer Untersuchung nur dann Sinn haben können, wenn sie verallgemeinerbar sind, wenn zumindest eine Erwartung angegeben werden kann, besser eine Hypothese, und dass auch die Hypothese erst in der Form einer Theorie verlässlich geprüft werden muss. Man sollte sich bewusst sein, dass sich die Wege des Erkennens von jenen der Erklärung unterscheiden, nämlich derart, wie sich induktive und deduktive, schöpferische und logische Prozesse unterscheiden. Man müsste die Bedingungen der Komplexität kennen und verstehen, dass beispielsweise eine entdeckte Korrelation erst im Rahmen einer übergeordneten Korrelation als erklärt gelten kann; wie die Hebelwirkung erst aus der ‚irdischen Mechanik' GALILEIS und diese erst aus dem Gravitationsgesetz NEWTONS. Man müsste zudem um das Unvermeidliche und Unsichere all unserer Paradigmen wissen. Kurz, es geht zum Mindesten um Bildung in der Wissenschaft.

Die Bereitschaft zur Bildung gilt bereits für die Einzelwissenschaft. Mehr ist verlangt, wenn ihr Platz im Zusammenhang der Wissenschaften erkannt werden soll, und noch mehr, wenn ein lebendiges und kritisches Interesse an der Wissenschaft als Teil unserer Kultur erwartet wird. Bildung ist gefragt.

Wenn die Behauptung richtig ist, dass unsere Bildungsstätten allgemein zu Ausbildungsstätten verkommen, kann man universelle Bildung nicht mehr fordern. Man wird sie nur mehr bei Personen finden, die sich Zeit und Animo erhalten konnten, sich selbst zu bilden. Es entsteht das gespenstische Bild einer riesigen, strukturlosen Armee, die alles vorbereitet, was Macht und Einfluss bringt, und die beliebig herummanövriert werden kann.

Um das Maß an Zerteilung unserer Bildungsstrukturen einzuschätzen, soll mir nochmals ein Ausflug in unsere Geistesgeschichte erlaubt sein:

c) Widersprüchliche Paradigmen

Unter einem Paradigma verstehe ich also einen Zusammenhang von Annahmen, den der Aufbau einer jeden Wissenschaft voraussetzt. So verlangt, wie erwähnt, die Physik die Annahme, dass Raum und Zeit erst mit dem Urknall entstanden, oder die Geisteswissenschaft, dass der Welt Zwecke vorgegeben sind. Man mag sich erinnern, dass jeder möglichen Erfahrung Annahmen voraus liegen, die nicht aus der Erfahrung selbst stammen können.

Genau genommen ruht also jede Wissenschaft auf metaphysischem, erfahrungsjenseitigem Grund. Und man muss sich damit abfinden, dass sich eine jede Wissenschaft nur aus sich heraus, vermittels Bestätigungen der aus ihren Theorien ableitbaren Prognosen, stabilisieren kann. Wir verlassen uns auf das Gravitationsgesetz ebenso zu Recht wie auf die uns vorgegebenen Zwecke, wiewohl noch niemand eine Gravitation gesehen hat oder einen Weltenzweck hätte empirisch nachweisen können.

Ich gehe diesbezüglich ins Detail, weil die Widersprüche zwischen den Paradigmen unserer Wissenschaften nach wie vor zu den Ursachen der Zerteilung zählen.

Drei Pfaden unserer Geistesgeschichte ist hier im Speziellen zu folgen. Ich beginne mit dem älteren, der Sprache, komme aber auf jene des Denkens und des Erklärens bald zurück.

Sprachdenken und Sprachrelativismus bieten einen ersten Ansatz. Wir denken gewiss nicht immer sprachlich. Es ist sogar anzunehmen, dass vieles unserer Reflexion unbewusst oder vorsprachlich verläuft. Und niemand weiß, wie viel wir im Stillen träumen, wiewohl wir uns wach verhalten. Die Worte beginnen unser Denken zu dirigieren. Was namenlos ist, scheint dabei kaum zu existieren. Hingegen erlangen Worte Inhalte und Bedeutungen, ohne diese real zu besitzen.

Zunächst sind ‚Sprachuniversalien‘ entdeckt worden. Sie basieren auf Denkstrukturen, die in allen menschlichen Sprachen gleich sind. Für unseren Belang ist die Unterscheidung von Nomen und Verben aufschlussreich. Die Bildung der Nomen wird von unserer angeborenen Gestaltwahrnehmung angeleitet. Verben entstehen, wir wissen noch nicht genau wie, jedenfalls ganz anders.

Die Verbindung von Nomen und Verb vollzieht sich in unseren zirkum-mediterranen Sprachen, die durch die griechische Syntax angeleitet wurden, nicht so leicht wie in den zirkum-pazifischen Sprachfamilien. Kunstworte (die ‚copula‘), die keine Inhalte haben, stellen die Verbindung her. Im Deutschen sind das die Worte ‚ist‘ und ‚sein‘. Es ist bedenkenswert, dass aus einem Wort ohne Inhalt eine ganze Philosophie ‚des Seins‘ und des ‚So-Seins‘ entstehen konnte.

Diese Struktur hat den ‚griechischen Aussagesatz‘ entstehen lassen. Etwa: „Achilles ist flink“. Ein solcher Satz bietet sich für den Syllogismus, den logischen Schluss, an. Beispielsweise: „Sokrates ist ein Mensch, alle Menschen sind sterblich, ergo ist Sokrates sterblich.“ Freilich begann man bald zu bedenken, ob Sokrates nicht doch ein Halbgott war, und was man über die Sterblichkeit der vielen Viertel- und Achtelgötter der Griechen wissen könne. Aber unsere Geistesgeschichte hat die Warnung nicht ernst genommen.

Aus dem logischen Schluss hat sich unsere *Art von Logik* entwickelt; zunächst aus dem Bedürfnis, in einem sauberen Denken keine Antinomien, keine Widersprüche, wie sie unsere Sprache ermöglicht, zuzulassen. Etwa wenn ein Kreter sagt: „Alle Kreter sind Lügner.“ ARISTOTELES wollte im Denken nur ‚wahr‘ und ‚falsch‘ zulassen, ein Drittes gelte nicht, „tertium non datur“. Dieses Denken

58

vollzog sich im dritten vorchristlichen Jahrhundert und begründete unsere zweiwertige Logik, die sich bis hin zur dualen Beschränkung auf das ‚Ja' / ‚Nein' unserer Computersprachen erhalten hat.

Dabei wird übersehen, dass aller Erfahrungsgewinn und jeder Denkprozess tappend und in einer Fülle von Unsicherheiten beginnt, dass beispielsweise Naturvölker diese Logik nicht verwenden und auch unsere Kinder nicht. Die Logik setzt erst dann ein, wenn wir durch unser Schulsystem die Alternativentscheidungen der Syntax und Mathematik einfach hinzunehmen haben. Wir müssen ja auch in allen empirischen Wissenschaften hinnehmen, dass Erfahrung nur ein Vermutungswissen von verschieden großer statistischer Wahrscheinlichkeit sein kann.

Im Vergleich zur zirkum-pazifischen Denkweise ist für uns damit eine, man könnte sagen, ‚definitorische Denkart' entstanden. Sie begeht den Fehler zu meinen, auch den komplexen Gegenständen dieser Welt vermittels Definitionen, durch die Schärfung der Ränder eines Begriffs, entsprechen zu können. In Wahrheit grenzen sich Begriffe wie Gebirgsformen steiler oder flacher von der umgebenden Landschaft der Nachbarbegriffe ab. Im Chinesischen dagegen verdeutlicht man einen Begriff durch eine Art ‚transitive Logik', indem durch Analogien seine Mitte weiter ausgeformt wird.[33]

Vernunft und Erfahrung schienen, wie angedeutet, schon die Vorsokratiker um das achte bis sechste Jahrhundert vor unserer Zeitenwende vor eine Entscheidung zu stellen. Auf diese für unsere Kultur wichtige Spaltung ist im Zusammenhang mit dem Sprachdenken nochmals zurückzukommen.

Großgriechenland besaß Kolonien von Kleinasien bis Sizilien. Die Zentren waren Milet und Syrakus. Für den Osten war THALES der Vater der Philosophenschulen. Man nannte die Gelehrten ‚Ionische Physiologen'. Sie trauten der Erfahrung und misstrauten der Vernunft, denn was man sich zusammengrübeln könne, erschien beliebig. Im Westen war PYTHAGORAS Schulengründer für die ‚Italischen Mathematiker'. Sie vertrauten der Vernunft und misstrauten der Erfahrung, die ja im wandelnden Durcheinander sinnlicher Wahrnehmung keine Gewissheit finden könne. Aus beiden Richtungen wird das hervorgehen, was unsere Geistesgeschichte bis heute spaltet, nämlich der Gegensatz von Empirismus und Rationalismus.

Im heutigen Alltag meint man, es mit der Erfahrung halten zu müssen, und übersieht leicht den Hintergrund einer Vertrauen suggerierenden Vernunft. Auch darüber ist nochmals zu reflektieren.

Wenn zu zeigen war, dass es Gesetze des Dreiecks gab, die gewisser waren als jede empirische Erfahrung, dass die Halbierung einer Lyra-Saite den Wohlklang der Oktave gab, musste dann nicht ein Zusammenhang zwischen den Prinzipien der Welt und denen der Seele des Menschen bestehen? Musste nicht in dem, was der Welt vorgegeben ist, in einer Weltseele, jenes Wahre, Gute, Schöne und Ewige enthalten sein, auf dessen Suche wir uns befinden? Unsere Seele, auf deren Existenz man seit jeher hoffte, konnte vielleicht in dem Maße, wie sie sich als wahr, schön und gut erwies, am Ewigen teilhaben. Das verlangte einen Weltenrichter. Unsere Kultur hat ihn in JESUS gefunden. Alle großen Religionen, die monotheistischen, aber auch der Buddhismus, bieten eine solche Hoffnung an.

So haben sich in unserer Kultur *Glaube und Wissen* früh getrennt. Unsere definitorische Logik hat dazu beigetragen; so als ob man wissen könnte, was man glauben soll, und glauben, was man zu wissen meint. Die chinesische Kultur hatte diese Entwicklung nicht gekannt, bevor sie mit dem Westen in Kontakt trat, auch nicht die folgenden Aufspaltungen, von denen noch zu berichten ist.

Es trennten sich —wir werden dies erst in der Neuzeit formulieren – die Formal- und Naturwissenschaften und mit ihnen die endgültig logische und empirische Wahrheit. Erstere Wahrheit bietet Gewissheit, allerdings nur im Rahmen ihrer Grundannahmen, die selbst auf Begründung warten. Letztere dagegen vergewissert aufgrund vieler unwidersprochener Bestätigungen einer Annahme, Erwartung oder Theorie, allerdings nur im Maße von Wahrscheinlichkeiten.

Zwar zeigte sich, dass die formale Logik erst Gewissheit geben kann, wenn sie im freien Raum der Annahmen von den Unsicherheiten der ‚schmutzigen Wirklichkeit' abgehoben ist. Und man kann sich fragen, wie denn die Mathematik, die sich ihr anschließt, zu be-

60

gründen sei. Formale Systeme sind empirisch nicht begründbar. Sind mathematische Prinzipien also Erfindungen? Sie sind anfangs wohl alle erfunden. Und wenn sie sich in der Empirie bewährten, sind es Entdeckungen. Das ist merkwürdig. Die Natur denkt offensichtlich nicht mathematisch, aber sie lässt sich mathematisch denken. Verständlicher ist unsere Einsicht über den Konnex der beiden Wahrheiten noch nicht geworden.

Bald trennten sich in unserer Geschichte auch *Philosophie und Wissenschaft*. Zwar erweisen sich alle Wissenschaften als Kinder der Philosophie, im Grunde aber als undankbare Kinder. Auch viele Philosophenschulen wollten mit den ‚Niederungen‘ der Empiriker nichts zu tun haben. So hat selbst die Philosophie des Christentums den Rationalismus gestützt, der aller Empirie immer noch nebenherläuft.

Das hat jahrhundertelang zu den wunderlichsten Blüten geführt, bis jüngst in der Philosophie eine ‚naturalistische Wende‘ aufgetreten ist, mit der Auflage, sich doch wieder an den Einsichten der Erfahrungswissenschaften zu orientieren. Diese Aufforderung betrifft auch die Erkenntnistheorie. Eine Theorie, mit der wir uns erklären wollen, auf welche Weise wir die Welt verstehen und missverstehen.

Jahrhunderte dominierten philosophische Lehren: eine transzendente nach PLATON und eine tranzendentale nach KANT. PLATON nahm an, dass wir die Welt verstehen, weil ‚Ideen‘ den Dingen wie unserer Seele zugrunde liegen. KANT dagegen entdeckte, dass es ‚Kategorien‘ der Vorbedingungen für den Gewinn einer jeden uns möglichen Erfahrung gibt, die als solche aus der Erfahrung nicht zu begründen sind. Sie bestehen *a priori*. Man bedenke, dass wir für die Annahme von Raum und Zeit kein Experiment kennen, das deren Existenz belegen oder widerlegen könnte.

KONRAD LORENZ schließlich entdeckte, dass jene Aprioris für das Individuum a posteriori Lernprodukte unserer stammesgeschichtlichen Entwicklung sein werden, Ergebnisse der Anpassung unseres angeborenen ‚Weltbildapparates‘ an die allgemeinsten Bedingungen der Welt. Diese ‚evolutionäre Erkenntnislehre‘ ist nun wieder eine empirische. Sie kann geprüft und laufend verbessert werden. Ihr habe ich mich angeschlossen, denn sie gibt verlässlicheren Aufschluss über uns Menschen und die Fehler, die wir machen.[34]

Die *Erklärung der Dinge* ist der dritte Pfad in unserer Geistesgeschichte. Wir müssen hierfür nochmals zurück ins dritte vorchristliche Jahrhundert. ARISTOTELES erkannte, dass bei der Entwicklung komplexer Dinge vier Formen von Ursachen wahrnehmbar sind, die ‚causa efficiens‘, ‚materialis‘, ‚formalis‘ und ‚finalis‘. Beim Bau eines Hauses entsprechen den vier Formen ‚Kräfte‘ (Geld oder Arbeitskraft), ‚Baumaterial‘, ‚Bauplan‘ und ‚Zwecke‘ (um etwas anzuzielen). Man erkennt, dass davon nichts entbehrlich ist. Ohne Aufwand bleibt alles liegen, ohne Material ist auch mit Geld, Plan und Absicht nichts zu schaffen, ohne Plan nur Chaos, und ohne irgendjemandes Absicht geschieht wiederum nichts.

Diese Einsicht ist ebenso unabweislich, wie es einst wunderlich erschien, dass sich die Welt aus viererlei Ursachen hätte aufbauen sollen. Und man machte sich unglücklicherweise bald auf die Suche nach einer Ur-Ursache. Nach den beiden schon erwähnten Schulen meinte man diese ‚erste Ursache‘ entweder ausschließlich in den Kräften oder aber nur in den Zwecken zu finden.

Die endgültige *Trennung von Natur- und Geisteswissenschaften* ist durch jene Spaltung, die unsere ganze Geistesgeschichte begleitet hat, im 19. Jahrhundert zur Lehrstruktur geworden.

In Wahrheit sind nicht die Welturvachen viergeteilt, es ist die Syntax unseres Sprachdenkens, die uns diese Teilung suggeriert. Material und Form bilden die Automatik unserer Gestaltwahrnehmung ab, Schicht für Schicht verschieden nach der Hierarchie eines Baues (Ton, Ziegel, Wand, Raum, Stockwerk). Kräfte und Zwecke dagegen erscheinen uns in Vorgängen enthalten, die in jeder Ebene ihre Funktion beibehalten. Quer dazu wirken zudem Zweck und Form, also Absicht und Bauplan, vom Ganzen in die Teile, dagegen Aufwand und Material, von unten, von der Beschaffung des Tons, hinauf zur Fertigung des Gebäudes.

Ich habe dieses Zusammenwirken auch erst in den letzten Jahrzehnten verstanden und freilich auf die Universitätsstrukturen noch keinen Einfluss genommen. Die Fakultäten blieben nach den Paradigmen der Zweck- und Kräftekonzepte freilich weiterhin getrennt. Es ist schon richtig, dass uns im Werk eines Schriftstellers seine Zwecke mehr interessierten als die Energie, die aufzuwenden war; letztlich eingestrahlte Photonen, die nötig waren, um seinen Absichten zu entsprechen. Und es ist richtig, dass in der Chemie landläufig Zwecke nicht vorkommen. Sobald sich aber chemisch kodierte Programme so weit entwickelten, dass aus einem Hühnerei ein Kücken und schließlich ein Huhn werden kann, das wieder befruchtete Eier produziert, liegt auch hier der Zweck auf der Hand.

Wir werden der Welt nicht gerecht, wenn wir die Zusammenhänge nicht wahrnehmen wollen und uns angesichts der Widersprüche schon an der Wurzel unserer Weltbilder nicht beunruhigen; auch nicht, wenn wir unsere sprachlich gelenkten Suggestionen des Betrachtens mit der Welt verwechseln, wen wir das Wechselspiel von Glauben, Schließen, Wissen, Natur und Geist nicht sehen wollen.[35]

d) Reduktion, Emergenz, Holismus und Historizität

Was unseren Umgang mit dieser Welt betrifft, lautet eine Kurzfassung aus Lord SNOWS *Reede-Lecture*, so „haben die Naturwissenschaften begonnen, sie ziemlich unbedacht zu verändern, während die Geisteswissenschaften außer Lamenti nichts beizutragen hatten". In England war man empört. Aber so ist es. Und das alles hat mit einem Paradigma der in den Naturwissenschaften dominierenden Anorganiker zu tun, das ein unbedachtes Eingreifen auslöste: mit dem Reduktionismus.

Im naturwissenschaftlichen materialistischen *Paradigma des Reduktionismus* sind drei Formen zu unterscheiden: ein theoretischer, ein pragmatischer und ein ontologischer Reduktionismus. Der theoretische Reduktionismus ist Wissenschaftspraxis. Sie bedeutet, Einsichten auf eine kurze, prüfbare Form, wenn möglich bis auf Formeln, zu reduzieren.

63

Der pragmatische Reduktionismus hat mit experimenteller Forschungspraxis zu tun, vielfach allerdings in unreflektierter Weise. Man macht, was machbar ist. Nur wenige Repräsentanten des Reduktionismus habe Farbe bekannt, man kann auch sagen, haben ‚Flagge gezeigt'. Dass den Gegnern des Reduktionismus Unverstand unterstellt wird, zeige ich, indem ich PETER MEDAWAR zitiere, einen anerkannten Reduktionisten und 1960 mit dem Nobelpreis bedachten Immunologen:

„Reduktionismus bedeutet die Überzeugung, dass ein Ganzes sich (im mathematischen Sinne) als eine Funktion seiner Teile darstellen lässt"; wieso „mathematisch", wird nicht erläutert. Diese analytische Reduktion sei „die erfolgreichste Forschungsstrategie, die je ersonnen wurde. Ihr verdanken wir Wissenschaft und Technik", denn auch „Lebende Organismen besitzen keine andren Eigenschaften als jene, die von den Eigenschaften individueller Zellen herstammen und sich in diese auflösen lassen". Schon das stimmt nicht.

„Wenn man die reduzierende Analyse betrachtet, wird klar, dass sie unter allen denkbaren Verfahren, die Welt zu begreifen, dasjenige ist, mit dessen Hilfe sich am ehesten erkennen lässt, wie die Welt nötigenfalls verändert werden könnte." Das allerdings trifft zu. Die Manipulation des Atom- und Zellkerns bestätigt die Annahme. Wird damit aber auch das Eingreifen in jegliche Art komplexer Systeme, indem man deren Aufbau nicht verstanden hat, nicht verstehen will oder ihn ignoriert, legitimiert? Wir sind nun der Aufdeckung des gefährlichen Irrtums im Paradigma der ‚Unheiligen Allianz' schon sehr nahe.

Dennoch wird von MEDAWAR eingeräumt: „Jede Ebene der Hierarchie hat nämlich ihre eigenen Begriffe, die nicht durch die tieferen Ebenen erklärbar sind."

Wieder richtig. Was also tun?[36]

Das Problem gehört nach der ganzheitlichen Sicht der *Holisten* zum Begriff der *Emergenz*. Beim Zusammentreten von Bauteilen zu übergeordneten Systemen treten Phasenübergänge auf und mit ihnen neue Eigenschaften, die weder aus jenen Bauteilen vorherzusagen noch in diesen, auch nicht in Spuren, enthalten sind. Etwa das Den-

64

ken mit Hilfe vieler Nervenzellen. Was ist gegen diese Evidenz einzuwenden?

Nochmals zitiere ich MEDAWAR: „Der einzige wirkliche Einwand gegen die Emergenz ist, dass er, nämlich der Einwand selbst, keinen Erklärungswert besitzt: er markiert das Ende eines Gedankengangs, nicht den Anfang eines neuen." Das Konzept der Emergenz erfülle lediglich „eine wichtige Aufgabe, und sei es auch nur, dass sie [die Emergenz] dem, was sich der reduzierenden Analyse entzieht, einen Namen gibt".

Diese Behauptung ist aber erst recht verkehrt und zwar in einer uns gefährdenden Weise. Emergenz bezeichnet vielmehr jene Phänomene im Werden der komplexen Welt, in die wir nicht eingreifen dürfen, wenn wir sie nicht stören und zerstören wollen. Denn reparieren können wir das Zerlegte nicht. Keine Orange wird wieder ganz, wenn man den ausgepressten Saft in die Schale zurückgießt. Nach MEDAWAR ist das Emergenzkonzept nichts als „ein weltlicher Teufel, den die unbedeutenderen Naturphilosophen erfunden haben, um die Rituale des Exorzismus genießen zu können." Die Argumentation wird merklich schwach.

Vielmehr suggeriert der pragmatische Reduktionismus – als eine aus den Interessen von Instituten, Staaten und Konzernen geförderte Massenbewegung – tatsächlich jenen ontologischen Reduktionismus. Er tut dies mit der so anmaßenden wie fatalen Vorstellung von einer ‚reparierbaren Welt'. Solches Denken beruht gleichermaßen auf dem Unverstand und der Überheblichkeit sich einzubilden, dass das Machbare auch schon alles wäre.

Die beschriebenen Vorgänge haben nochmals mit der Einsicht in *Historizität* zu tun, in nichtwiederholbare Geschichtlichkeit. Kulturwissenschaftler beachten diese, Morphologen auch, Physiologen und Anorganiker trachten, um sie herumzukommen.

De facto können weder unser Planet, noch die Art des Lebens auf ihm, der Mensch und das Genom irgendeiner Tier- oder Pflanzenfamilie nochmals entstehen. Die Experimentierzeiten der Natur sind zu lang, ihre Experimente zu zahlreich, als dass wir sie nachahmen könnten. Und selbst wenn wir das könnten, die Entstehungsbedingungen sind unwiederholbar und das Schöpferische, das stets auf dem echten physikalischen Zufall beruht, ist jeder Voraussicht entzogen.

Historizität beginnt schon mit den Phänomenen der Physik. Ein mit Lichtenergie überfüllter Kristall, der Laser, muss diese kausalgesetzlich mit Lichtblitzen wieder abgeben. Die Richtung aber, in der er blitzt, ist nicht vorhersehbar. Weil das „Parlament der Moleküle", wie HAKEN sagt, das die Störung loswerden muss, den Gesetzen der Mikrophysik folgt, die raum/zeitlich nicht vorhersagbar sind. Schon das ist ein unwiederholbares Ereignis und begründet die Wurzeln der Historizität.[37]

Als *komplex* verstehen wir Systeme, die gegenüber Kompliziertheit, Häufung und selbst bloßer Polymorphie einen systemischen Aufbau haben, also eine Hierarchie funktional-struktureller Zusammenhänge zeigen. Sie sind unwiederholbar und fern vom physikalischen Äquilibrium. Das klingt sehr eingrenzend. Aber mit Ausnahme dessen, was sich im Anorganischen als reversibel erweist, ist tatsächlich alles, was uns umgibt und unser Leben ermöglicht wie wir selbst, von dieser Art.

Bei solcher Betrachtung wirkt das Baukastenmodell irreführend. Es ist von zu einfacher, suggestiver Anschaulichkeit. Vorgegebene Klötzchen, die man aufeinander stellen oder ineinander stecken kann. Die Klötzchen aber entstehen unsichtbar und jenseits unseres Interesses aufgrund der komplexen Zusammenhänge zwischen Spieltrieb und Spielzeugmarkt.

So wird bei den Differenzierungen komplexer Systeme auch nicht einfach eine Schicht auf die vorige gelegt, sondern alle *Innovationen entstehen als Einschübe* zwischen Konstituenten sowie in einem ebenso vorgegebenen Milieu; Differenzierungen entstehen zwischen Teilen und einem Ganzen. Man wird das nachvollziehen können, wenn man bedenkt, dass ein Gewebe freilich aus Zellen, aber nur innerhalb des Milieus eines Organs entsteht wie ein Organ zwar aus Geweben, aber innerhalb der Funktionen eines Organismus. Ebenso differenzieren sich alle Artefakte zwischen den Anliegen und Fertigkeiten der In-

66

dividuen und den Vorgaben ihrer Kultur; alle geomorphologischen Strukturen zwischen dem Substrat der Mineralformen und den Erosionsbedingungen des Milieus.

Das gilt auch für das *Entschlüsseln komplexer Systeme.* Kein Teil eines komplexen Systems erklärt sich aus sich selbst heraus. Es wird wie das Gewebe von ‚unten' aus seinen Zellen und von ‚oben' aus dem Organ erklärbar, mit dem es entstand.

Mein einfachstes Beispiel ist die Entzifferung einer sehr ungewohnten Handschrift. Nehmen wir vier Ebenen, Zeichen, Wort, Satz und Kontext. Es ergeben sich folgende drei Wechselbezüge: Ein Zeichen könnte ein v, u, n, sogar ein w sein. Steht es häufig am Anfang eines Wortes mit drei Zeichen („und"?), dann ist es wahrscheinlich ein u. Wir entschlüsseln aus dem Wort „und" die Zeichenbedeutung und aus den Zeichen das Wort. Ist etwa das Wort „Strauß" entziffert, ergibt sich sein Sinn, ob Blumengebinde oder Vogel, aus dem Satz, wie auch der Sinn des Satzes sich aus den Worten erhellt. Ob der Satz ironisch gemeint ist oder nicht, geht nicht aus dem Satz, sondern aus dem Kontext hervor, wie sich dessen Sinn aus den Sätzen ergibt.

Dasselbe gilt selbstverständlich auch für die Entschlüsselung einer Anatomie, des Natürlichen Systems der Organismen oder einer Kultur.

Den Vorgang nennt man, wie schon erwähnt, *Hermeneutik* oder „wechselseitige Erhellung". Wir werden uns nun mit der Herkunft dieser Leistung befassen müssen. Unsere kognitive Ausstattung, unser Weltbildapparat, erweist sich als gut vorbreitet auf das hermeneutische Verfahren. Das beweist etwa die intuitiv völlig richtige Entschlüsselung des ‚Systems der Organismen' nach abgestuften Ähnlichkeiten, die wir im Nachhinein als ‚Verwandtschaft' erklären.

Wir werden jeden unbekannten Gegenstand aus seiner Zusammensetzung wie auch aus der Fundumgebung zu verstehen trachten. Diese Leistung gehört zu unserer menschlichen Ausstattung und wirkt, wie mein Brief-Beispiel gezeigt haben soll, als Anleitung eben vorbewusst, ratiomorph, also ‚vernunftähnlich', als Anpassungsprodukt an die komplexe Welt.

Die rationale Wissenschaftstheorie hat diesem Vorgehen den Vorwurf des Zirkelschlusses unterstellt, mit der logischen Begründung, man könne nicht A aus B erklären, wenn B aus A erklärt werden muss. Eine Falle unserer linear operierenden Logik. In Wahrheit ist einem System- und Ursachenzusammenhang nach dem Hergang seiner Entstehung zu folgen, also zweiseitig, zwischen Konstituenten und dem Ganzen. Ebenso wie unsere beiden Erklärungspyramiden von der Wahrnehmungsebene der greifbaren Dinge hinauf bis zu den EINSTEIN- und hinunter bis zu den SCHRÖDINGER-Gleichungen, im Gegenlauf also, das Werden unserer komplexen Welt nachschreiben. Diese Einsicht ist für ein geschlossenes Weltbild nützlich, weil sich daraus ableiten lässt, dass unserer Theorien nicht kognitive Kunstprodukte sind und von der Natur bloß bestätigt werden.[38]

e) Interdisziplinarität

Interdisziplinarität ist heute in aller Munde. Aber es geschieht nichts, um sie wirklich zu fördern. Nichts, was die Beseitigung all der alten Hindernisse beträfe. Haupthindernis ist zunächst die Fächerstruktur der Universitäten. Da wird das System der Physik gelehrt und abgeprüft, dort das der Tierkunde, der Soziologie oder Politologie. Fächer, die eine gewisse Zusammenschau bieten wie Wissenschaftsgeschichte oder Wissenschaftstheorie, gelten hingegen als Randgebiete und werden mit der Philosophie verwechselt, die niemand mehr zu brauchen scheint.

Die Hindernisse: Das erste Hindernis in der Praxis interdisziplinärer Bemühungen besteht nach meiner Erfahrung im Gutachtersystem. Verbinden sich in einem Forschungsprojekt etwa Biologie, Psychologie und Soziologie, so erhält man zu zwei Drittel negative Gutachten, weil jeder der Gutachter den Part seines Faches akzeptiert, die beiden anderen aber für unnötig erklärt, nicht verstehen will oder einfach nicht versteht. Die Lösung ist meist nur in einem privaten Sponsor zu finden.

Ergibt sich ein interdisziplinäres Forschungsprojekt dennoch, so ist die Publikation der Ergebnisse erschwert, wenn nicht ganz un-

68

möglich. Das ist auf die Spezialisierung der wissenschaftlichen Journale zurückzuführen. Diese müssen sich ihrem spezifischen Leserkreis anpassen. Ein Journal etwa der Psychologie, das noch Platz für einen Artikel hat und wählen muss zwischen einem ausschließlich psychologischen und einem, der nur zu einem Drittel Psychologie enthält, muss den letzteren ablehnen. Die Lösung: eine eigene Zeitschrift. Das ist weder einfach noch billig. Mit dem Journal *Evolution and Cognition* habe ich vor gut einem Jahrzehnt begonnen, eine eigene Zeitschrift herauszugeben.

In Fachbibliotheken ist sie kaum unterzubringen. Die Etats der Bibliotheken sind immer begrenzt. Sollte das Budget es zulassen, noch einen neuen Titel zu abonnieren, und hat man mit reinen Fachzeitschriften zu konkurrieren, wird man abgelehnt werden. An die hundert Fälle kenne ich. Die Exemplare meines Journals stehen daher in Privatbibliotheken, außerhalb der nach Disziplinen geordneten öffentlichen Bibliotheken.

Solchen Zuständen gegenüber sind auch die etablierten Institute wehrlos. Nur wenige Universitätsverwaltungen haben das Problem wahrgenommen, und auch diese können sich kaum gegen ihre Fachgremien durchsetzen. Dennoch bleibt man überzeugt, dass interdisziplinäres Denken und Wissen umso dringlicher wird, je tiefer wir in die Welt eingreifen.[39]

Hinter der beschriebenen Misere stehen schließlich die Interessenkonflikte zwischen Individuum, Institution und Gesellschaft.

Die Förderungsinstitutionen verschließen sich der Interdisziplinarität nicht und geben in ihren Broschüren auch die verzwickten Wege an, über die ein interdisziplinäres Anliegen gefördert werden kann. In den Referaten, zu denen man potentielle Applikanten einlädt, werden diese allerdings hinter vorgehaltener Hand darauf verwiesen, dass es klüger sei, sich vielmehr fachspezifisch darzustellen. Dadurch würden sich ihre Chancen wesentlich erhöhen. Meine Informanten mit direkten Erfahrungen haben daher auch gebeten, sie nicht namentlich zu nennen. Gewiss steckt ein Akt der Kollegialität dahinter. Wie also werden sich diese Applikanten in einer Konkurrenzsituation verhalten?

69

Für die Karriere eines Wissenschaftlers ist das Gewinnen der ‚venia legendi‘, die selbständige Lehrbefugnis an einer Universität, wichtig. Verbinden sich, wie ich das öfters mit ansehen musste, drei Gebiete, z.B. Psychologie, Biologie und Wissenschaftstheorie, so erweist sich keines der drei Fächer als zuständig. Somit ist der Rektor zuständig. Dieser erkennt meist auch die Bedeutung der Fächerverbindung, muss aber sein Unvermögen eingestehen, sie in seinen Gremien durchzusetzen. Die ‚Interdisziplinären‘ bleiben auf der Strecke; die Spezialisten füllen weiterhin die Universitäten und majorisieren die Gremien.

Die größere Zusammenschau von Disziplinen, von disziplinenübergreifenden Werken gar nicht zu reden, ist zur Förderung nicht vorgesehen. Ich habe natürlich bei Fonds zur Forschungsförderung nachgefragt, wie es dazu kommt, dass interdisziplinäre Monographien nicht gefördert werden. Es scheinen ungeschriebene Gesetze zu sein. Und sie verhindern die dringlich nötige kritische und kontrollierende Zusammenschau auf hohem Niveau.

An dieser Stelle streifen wir ein berührendes Beispiel kollektiver Inkompetenz. Sie manifestiert sich mit der Bemühung, die Einzelverantwortung für Werturteile durch Quantitätsberechnungen zu ersetzen. Wem gebührt der Vorzug bei der Bewerbung um eine Einzelförderung, um eine Forschungsstelle, selbst um eine Professur? Zunächst erfand man den „Citation Index“. Er berechnet, wie oft die Veröffentlichungen eines Autors in der Fachliteratur beachtet, das heißt zitiert worden sind. Eine Art Wahrheitsfindung durch Mehrheitsbeschlüsse. Dieser Index wurde neuerdings durch den „Impact-Factor“ noch übertroffen. Er berechnet, wie häufig nun die Zeitschrift, in der ein Autor publiziert hat, von anderen erwähnt wird. Und das gilt nur für Aufsätze, Bücher zählen nicht mehr. Die Entscheidung wird dem Markt überlassen. Daran halten die auslesenden Gremien fest. Was sonst sollten sie tun?

Die Reformatoren unserer Universitäten sind, wie wir im Grunde alle, durch eine Sprachregelung und Logik irregeführt, die uns den Vorrang der sauberen Trennungen vor dem Verstehen der Verbindungen suggeriert. In Experimenten, die gerade an der Universität Wien ablaufen, hat man es, wie erwähnt, auf 15 oder 19 Fakultäten

70

gebracht, deren Fächer vormals allein der alten Philosophischen Fakultät zugeordnet waren. Von der Abtrennung der Mediziner, Veterinäre, Techniker und Landwirte gar nicht erst zu reden. Paradigmenkonflikte stehen dabei so sehr im Vordergrund, dass man die Genetik aus der Biologie herauslösen will, als ob außerhalb des Lebendigen Genetik verstanden werden könnte.

Dagegen müsste man sich vielmehr um die Verbindungen kümmern, meinetwegen samt deren Gradienten. Wie soll ein Manager wissen, welche neuen Ideen in den Geistern unserer immer noch relativ aufgeweckten Jugend stecken? Die Verschulung riecht stark nach Planwirtschaft, Indoktrination und Verdummung. Gewisse Freiheiten lässt man dem Einzelnen wohl, aber die selbstgewählte Fächerkombination wird sogleich diskreditiert, als ‚Studium Irregulare' abgetan. Dabei waren jene Irregulären immer die Interessantesten unter meinen Studiosi.

Auf gesellschaftlicher Ebene ist dagegen evident, dass Kreativität nicht durch Mehrheitsbeschlüsse und schon gar nicht durch den Zeitschriftenmarkt beurteilt werden kann. Im Gegenteil, die Auswertungen der genannten Indices und Faktoren sind kontraindikativ. Sie lassen erkennen, wie sehr ein Autor bereit war, in den ohnedies schon etablierten Strömungen mit zu schwimmen. Das aber ist kein Maß für Innovation, sondern für Submission. Hoffnung sehe ich in den Widerständen. Was also tut unsere Gesellschaft? Vorerst tut sie nichts.

f) Im Rückblick

Im Rückblick mag man erkennen, dass schon weniges an Reflexion über die Geschichte der Wissenschaft und Erkenntnis genügte, um den Zerfall in widersprüchliche Weltbilder und einander ausschließende Subkulturen der Wissenschaft vor Augen zu haben. Die Tendenz des Zerfalls ist in unserer Geistesgeschichte schon früh auszumachen. Der Zerfall wurde allerdings in unseren Bildungsstrukturen weitergeführt und ist heute in einer extremen Form zu scheinbaren Selbstverständlichkeiten gefestigt worden.

Zunächst mag es überraschen, dass man sich mit widersprüchlichen Paradigmen zufrieden gibt, die folglich unser Vertrauen gar nicht verdienen, denn es geht längst nicht mehr um den an sich so fruchtbaren Pluralismus der Meinungen, sondern um die Anmaßung, trotz der Widersprüche (die schon Grundlagen betreffen) in die Gesellschaft wie in unsere Welt manipulierend eingreifen zu dürfen.

Dabei haben wir Menschen immer eingegriffen, gerodet, gepflanzt und gezüchtet. Doch erst heute sind wir in einem Maße tüchtig geworden, dass jeder Eingriff der Vorprüfung bedarf.

Einige Gründe für diese Entwicklung haben wir bereits aufgespürt. Dennoch bleiben die generellen Fragen, warum sich niemand darum gekümmert hat, oder warum die wenigen, die sich darum kümmerten, nicht beachtet wurden. Sollte man etwa eine Unbildung unserer gelehrten Welt annehmen müssen?

Tatsächlich ist eine *Unbildung der Gelehrten* zu bedenken, nämlich bei einem speziellen Typus. Der Bildungsweg gerade der Einflussreichsten ist über Biographien und Zeugnisse recherchierbar und zeigt neben Spitzenausbildungen auffallend übereinstimmende Lücken gerade in den Universitätsfächern der Wissenschafts- und Erkenntnistheorie.

Freilich ist nicht auszuschließen, dass die Gelehrten des eben genannten Typus sich die Kenntnis der Gegenstände privat angelesen haben. Doch manche ihrer schriftlichen Darstellungen lassen das bezweifeln. Man kann darum den schon zitierten MEDAWARS (PETER und JEAN) dankbar sein für die Enthüllung ihrer Haltung, etwa was ARISTOTELES betrifft: „Die biologischen Werke des A. sind ein sonderbares und, allgemein gesagt, ziemlich langweiliges Gemisch aus Gerüchten, unvollständigen Beobachtungen, Wunschdenken und einer Leichtgläubigkeit, die nahezu an Dummheit grenzt". Ist ein solcher Kommentar nicht selbst zu dumm? Er schließt mit der Botschaft: „Nicht Worte sondern Taten sollen die Botschaft der neuen Wissenschaft verbreiten". Natürlich lädt diese Aufforderung zum Eingreifen ein, und die MEDAWARS hatten auch Erfolg.

Für den Lebenserfolg vieler Gelehrten gilt die Einsicht, dass es genüge, den Erwartungen und Techniken der akademischen Lehrer

72

zu folgen und diese in deren Sinne noch etwas zu überhöhen. An wen haben wir uns nun zu wenden? Am ehesten an eine Opposition der Gebildeten.[40]

Ähnliches gilt für *die propädeutischen Fächer* nach den gegenwärtigen Studienvorschriften. Zunächst hat das Berichtete mit der zunehmenden Verschulung der Universitäten zu tun, mit dem schon beklagten Übergang der Bildungs- zu Ausbildungsstätten.

In meinem Studienbuch wurden neben Kollegs in Zoologie und Anthropologie auch solche in Ägyptologie und Medizin aufsummiert und anerkannt. Heute werden alle Studiosi zum Biologiestudium erst dann zuglassen, wenn sie Kollegs und Praktika in Physik und Chemie erfolgreich absolviert haben. Die Studienkommissionen sind nicht dazu zu bewegen, irgendeine Alternative zuzulassen, etwa Theorie, Geschichte oder Soziologie der Wissenschaften, Wahrnehmungs- und Denkpsychologie, Erkenntnislehre oder Sozialanthropologie, die das Objektivitätspostulat schon dem Laien vorführen.

Meine diesbezüglichen Vorschläge ernteten homerisches Gelächter. Alle Herren der von mir adressierten Kommission waren entweder Physiker und Chemiker oder schon durch die Physik- und Chemiefilter ausgesiebt worden.[41]

Natürlich setzen Gesetze der Biologie solche der Chemie voraus und diese eine Gesetzlichkeit auf der Ebene physikalischer Betrachtung. Aber sowohl die Gesetze der Chemie als auch der Physik ersetzen die Gesetzlichkeiten des Lebendigen keineswegs, wie sie sich auch auf jene der Chemie und Physik durchaus nicht reduzieren lassen. Hinter einem Denken, das von der Negation dieser Zusammenhänge ausgeht, ist wieder Reduktionismus versteckt. Es gilt der Leitspruch ‚Alles Leben ist Chemie‘, wie das auch in Kollegs vorgeführt wird. Und es grenzt an fatale Unbildung, Voraussetzungen mit Reduzierbarkeit zu verwechseln.

Von den Nobelpreisträgern unter meinen Lehrern kann ich angeben, dass sie, wie KARL von FRISCH und KONRAD LORENZ, keine spezielle Ausbildung in Chemie vorgeschrieben hatten und nie auf den Gedanken gekommen wären, das Lebendige aus chemischen

Gesetzen zu erklären. Vielleicht hätte sie ein Physik-Chemie-Filter sogar von ihrer Karriere in der Biologie abgehalten.[42]

Heute wissen wir, dass es Hemisphärendominanzen gibt. Sie bestimmen Talente entweder über die rechte Hirnhälfte, die der Gestaltwahrnehmung vertraut, oder aber über die linke Hirnhälfte, das heißt, Logik und Mathematik werden bevorzugt; zudem gilt, dass die ausgesprochenen Typen einander in der Sicht der Dinge sogar misstrauen.

Wie groß der Siebungseffekt bei unseren Biologiestudenten aufgrund des Physik-Chemie-Filters ist, kann schwer beurteilt werden. Dass er aber wirkt, kann als gewiss gelten; ebenso, dass der Vorgang eine anerkannte Dominanz der anorganischen Fächer suggeriert.

Auch was man unter einem *Wissenschaftsideal* versteht, spielt eine Rolle. Über mehr als ein Jahrhundert präsentierte die Physik ein solches Ideal. Das hatte gute Gründe. Die Industrialisierung brauchte und förderte sie. Die Physik hat überwiegend mit reversiblen Prozessen zu tun, was ein verlässliches Experimentierfeld anbietet. Sie kann ihre Einsichten bis hin zu mathematischen Ausdrücken reduzieren. Zudem war man lange der Ansicht, dass sie es mit eternalen, der Welt gewissermaßen vorgegebenen Gesetzen zu tun hätte und nicht mit Zufallsgeschichten wie die Gesetze der Biologen.

Das hat zu den Biowissenschaften hin einen tiefen Graben entstehen lassen, weil diese das Werden der Lebensgesetze anzugeben vermögen und einräumen, dass alles auch hätte ganz anders werden können.

Erst jüngst kamen die theoretischen Physiker darin überein, dass die fundamentalen Gesetze der Quanten und Materie Geschichte haben und dass unter anderen Rahmenbedingungen auch der Kosmos hätte anders werden können. Damit beginnt der Graben auch von Seiten der Physik eingeebnet zu werden. Gegenwärtig tut das aber noch keine Wirkung.[43]

Viele Betrachter der Wissenschaftsgeschichte sind der Ansicht, dass das Wissenschaftsideal der Physik heute von dem der Biologie

74

abgelöst wurde. Das biologische Wissenschaftsideal ist unseren Lebensbedingungen näher. Alles ist heute ,Bio-‘, vom Markt bis zur Tier- und Lebenshaltung, und Begriffe wie Ökologie, System, Biosphäre, Emissionskontrolle, Beweislastumkehr oder Nachhaltigkeit entstammen der Biologie.

Man soll sich aber nicht täuschen. Was in aller Munde sein mag, ist in die Bildungsstrukturen noch lange nicht eingegangen. In den Sitzungen der Fakultäten nehmen die Physiker immer noch die ersten Reihen ein, die Chemiker folgen, und dahinter reihen sich die ,Geschichtenerzähler‘.

Auch die Anorganiker gehen den irreversiblen Prozessen, also solchen mit unwiederholbarer Geschichtlichkeit, eher aus dem Weg. Diese Prozesse fügen sich in die Eleganz mathematischer Formulierbarkeit schlecht ein. Man hätte hoffen wollen, dass die theoretische Chemie heute zur Brücke zwischen theoretischer Physik und theoretischer Biologie würde. Aber die theoretische Chemie erlebt sich eher in der Verlängerung der physikalischen Gesetze, und das macht die Lage noch schlechter.

Natürlich lässt man einige Disziplinen dahinvegetieren, solche, die nicht schaden, eben die Orchideenfächer, und solche, von denen die Öffentlichkeit noch glaubt, dass sie zur Bildung gehören, die alte Philologie etwa oder Geschichte und Kunstgeschichte, Völkerkunde und die Kulturwissenschaften überhaupt, von denen schon Lord SNOW meinte, dass sie für unser Zeitproblem ohne Belang wären.

Nun kann man ja wohl fragen, wie es sich mit der *Herkunft der Dominanz* verhält. So plump das klingen mag, es geht um Macht und Einfluss.

Ist nicht in allen Fächern in selbstloser Weise auch Grundlagenforschung betrieben worden, aus der kaum Macht und Einfluss gewonnen werden kann? Gewiss ist das geschehen. Aber zu machtvoller Wirkung haben die Erkenntnisse über Grundlagenzusammenhänge im Atom- und im Zellkern geführt. Sie ließen im Nachschatten der Atombomben überall die Atommeiler wuchern und förderten die Genmanipulation und die Macht der großen Konzerne.

Die Grundlagen für ein Verständnis des Lebendigen, Negentropie, Emergenz, Historizität, Ursachenformen, Hermeneutik oder Almende, sind auch geklärt worden. Aber was ist mit dem Wissen darum wirtschaftlich anzufangen? Nichts. Die Erkenntnisse mahnen die Macher zu Vorsicht und Zurückhaltung. Macht und Einfluss ist aus ihnen nicht zu gewinnen. Im Grunde wurden sie hinderlich.

Doch das sind nur die theoretischen Grundlagen der Dominanzunterschiede. Manche kennen diese Grundlagen vielleicht gar nicht. Sie wurden ihnen nicht unterrichtet. Das Szenario der Forschungsdominanzen operiert dagegen ungleich irdischer. Die Anzahl der Professoren bestimmt die demokratischen Entscheidungen in den Sitzungen der Fakultäten. In manchen Fächern hat sich nun die Zahl der Professoren vervielfacht, in anderen wurden schrittweise Stellen eingespart. Das tut natürlich Wirkung auf das Selbstgefühl der Großen unter den konkurrierenden Gruppen. Der Große kann seine Möglichkeiten zur Erlangung von Drittmittel und weiteren Mitarbeitern leicht vergrößern. Es ist nahe liegend, dass aufgrund solcher Mechanismen die Welt der Macher wachsen und dominieren muss, dass die Mahner schwinden, die Nachdenklichen ausgeschlossen und die Mitläufer in jenen Strom hineingezogen werden.[44]

Diese Entwicklung wird auch durch die *Behörden der Staaten* gefördert. Zunächst erscheint das merkwürdig und zwar deshalb, weil viele Bürger, nunmehr souverän in den parlamentarischen Demokratien, die Produkte der Macher gar nicht haben wollen. Man denke nur daran, wie Kernkraftwerke, Tierfabriken oder die Aussaat genmanipulierter Pflanzen und letztlich die Globalisierung immer wieder zu Unruhen veranlassen. Warum regieren die Behörden der Staaten gegen Mehrheiten ihrer Bürger?

Die Ursache ist bekannt. Die Staatenlenker sind in Zugzwängen gegenüber der internationalen Konkurrenz. Es wird ihnen von der nationalen Industrie mitgeteilt, dass man am Ball der Zeit zu bleiben habe um zu bestehen. Zumal die internationalen Konzerne ihre Produktion ohnedies in jene Staaten verlegen können, die ihnen keine Schwierigkeiten machen. Die Staatenlenker meinen auch, dafür sorgen zu müssen, dass solche Konzerne ins Land gelockt werden.

76

Das gilt für Tierfabriken, den Walfang, die Edelholzplünderung und so fort, für alles, was die NGOs, die ‚Non Governmental Organizations‘, als Unfug längst aufgespürt haben. Sie sind es schließlich, nicht unsere Staatenlenker, die unsere Gesellschaft zu einer höheren Moral führen wollen.

Eine Lösung mag in der ‚Vernunft durch Autonomie‘ liegen. Und wenn eine ‚Weltvernunft‘ nicht zu erreichen ist, so könnte ein möglichst autonomes Wirtschaftsgebiet vorführen, um wie vieles schöner, sicherer und humaner es zugehen kann, wenn man sich den internationalen Zwängen entwindet.

Dieses Szenario aber steht in weiter Ferne. Unmittelbar problematisch ist schon der Ansatz zu einer solchen Lösung. Was könnten denn unsere hohen Bildungsstätten, die Universitäten, zu einer Lösung beitragen? Von ihnen erwartet man die Förderung des uns verbleibenden Korrektivs: Bildung, die entgegen allen Zugzwängen, Missdriften und Mängel an Ethos die Bürger mit jener Weitsicht ausstatten würde, die helfen könnte, unseren Kopf aus der Schlinge zu ziehen. Und nun sehe man sich diese Administrationen von heute an, die neuen Universitätsreformen. Genau das Gegenteil ist der Fall. Im Dilemma zwischen Wählergunst und Staatsverschuldung werden sogar noch Wirtschaft und Industrie eingeladen, nach ihrem Gutdünken die Reformen der Universitäten mit zu dirigieren.

Die Unheilige Allianz wird also letztlich durch ein weltweites Wirtschaftssystem von Kapital, Konkurrenz und Gewinnmaximierung angetrieben. Staaten fördern eher das Machbare als die Bildung. Ihre Bildungsstätten verkommen zu Ausbildungsstätten, locken und fördern die Industrie, die keine Bildung benötigt. Disziplinen, die das Machbare anbieten, dominieren die Forschung, führen zu einer Dominanz der Macher einer unverantworteten Macht. Unbestreitbar spezialisierte Kapazitäten ihrer Fächer legitimieren nun umgekehrt im Strome des ontologischen Reduktionismus die Machbarkeitsideologie einer reparierbaren Welt, erlauben den Konzernen, in die komplexe Welt einzugreifen, ohne dass sie verstanden ist. Ein Teufelskreis.

77

Wieder sind es die Bürger, die weltweit gegen Globalisierung auftreten. Und niemand kann ihnen sagen, wie das Ozonloch zuzunähen, der Atommüll fortzuschaffen, dem Geschwirr verdorbener Erbsubstanz beizukommen und der Kapitalfluss zu stoppen wären, der die Armen weiter ärmer, die Reichen reicher macht.

Die Aufklärung hat uns trotz ihrer Segnungen allerlei eingebrockt. Eine Abklärung hat zu folgen, die wieder auf das menschliche Maß – die Einsicht in unsere begrenzten Möglichkeiten – zurückführt.

Natürlich ist die Lösung nur eine Frage der Bildung, das sagte ich schon zu Beginn, aber man mag bemerkt haben, dass da allerlei nachzuholen ist.

3 Legitimationen für Politik und Wirtschaft

Im letzten Teil bleibt zu untersuchen, welche Wirkung der geschilderte ‚Einfluss auf eine Forschung des Machbaren' nun auf die gesellschaftliche Anwendung haben muss. Wie zu zeigen sein wird, geht es darum, dass vermittels fachlicher Expertise politische und wirtschaftliche Entscheidungen legitimiert werden, um in die komplexe Welt einzugreifen, noch bevor sie verstanden ist. Man wird verstehen, dass diese Einsicht wohlbegründet sein will.

a) Die Einflüsse heute

Zunächst muss man anerkennen, dass im Forschungsbetrieb die Beschaffung so genannter Drittmittel zu den auszeichnenden Leistungen der Institute zählt. Vielfach bezahlen die Erhalter von Universitäten nicht mehr als die Gehälter der Mitarbeiter für den Ablauf des Unterrichts und die Sicherung der Subtanz. Institute weisen sich als vorbildlich aus, wenn sie einen möglichst großen Teil ihrer Forschung über Konkurrenz aus Wissenschaftsfonds lukrieren. Unter den drei Maßen, nach denen eine Hundertschaft von Universitäten beispielsweise in den USA jährlich neu gereiht wird, spielt der Prozentsatz der Drittmittel eine Rolle. Meist rechnen es solche Fonds sich zur Ehre an, nur nach wissenschaftlichen Qualitäten auszulesen.[45]

Damit soll nicht ausgeschlossen sein, dass Fonds auch ganz spezielle Aufgaben fördern, die von der Krebsforschung bis zur Behindertenfürsorge reichen. Im Allgemeinen darf angenommen werden, dass es sich, auch wenn es um Technologie- und Wirtschaftsförderung geht, um honette, Bildung und Humanität fördernde Absichten handelt, die das Profil der Wissenschaftsentwicklung kaum verzerren.

Das ist freilich anders, wenn es um politische, namentlich machtpolitische Interessen von Staaten oder um wirtschaftliche Interessen von Konzernen geht.

Bekanntestes Beispiel ist der *Umgang mit Kernenergie*; zunächst der Umgang der US-amerikanischen Regierung mit der Entwicklung der Atombombe, woran sich weltweit ein enormer Aufwand für die so genannte friedliche Nutzung angeschlossen hat. Diese Bestrebung setzt sich auch heute noch über nationale und internationale Förderungen fort, wiewohl die Mehrheit der Bürger, auch in den Atomstaaten, keine Kernenergie mehr wünscht.

Dass hier Forschungsergebnisse der Geheimhaltung unterliegen, wissen wir. Die Folge ist, dass Spionage und Gegenspionage ausgelöst wurden, etwa mit der Erweiterung der ehemaligen Blöcke, was letztlich dazu führte, an den Machtgrenzen verschiedensten Staaten den Zugang zur Kernenergie zu erleichtern. Ein Zugang, der durch abdriftende Spezialisten völlig unkontrollierbar geworden ist und weltweit unsere Sorgen um diese Welt erhöht. Ob ‚Schurkenstaat‘ oder selbsternannte ‚Weltpolizei‘, man muss sich fragen, woher die Kenntnisse stammen, die heute all die nicht mehr behebbaren Unsicherheiten produzieren.[46]

Es gibt die Auffassung, dass derselbe Betrag, der bislang für Atomtechnik aufgewendet wurde, in der Biochemie eingesetzt zu einer sauberen Lösung des Energieproblems hätte führen können. Es würden sich beispielsweise die Repariermechanismen in den Chloroplasten der grünen Pflanzen nachbauen lassen, die bekanntlich unter Lichteinfluss Wasser kurzzeitig in Wasserstoff und Sauerstoff spalten, aus denen die Pflanze und letztlich auch wir selbst unseren Energiehaushalt bestreiten. Ein Quadratmeter eines solchen grünen Tuches vor dem Fenster sollte den Energieverbrauch eines Haushalts decken. Und es wird vermutet, dass dieses Wissen der Kernenergieforschung wegen stets vernachlässigt wurde. Mit der Aussicht auf eine dezentralisierte Anwendung würde die gewünschte Lenkbarkeit von Macht und Einfluss nicht mehr gewährleistet sein. Erstere Auffassung kann utopisch und letztere Annahme muss auch nicht richtig sein, verdeutlicht aber die Bedenken, die entstanden sind.

Heute ist es die Wasserstoffwirtschaft, die das Energieproblem dezentral und umweltgerecht lösen sollte.[47]

80

All jene Forschungsindustrien nehmen einen großen und kaum steuerbaren Einfluss, wenn es darum geht, die fachlichen Einsichten zunächst in den Tresoren der Konzerne verschwinden lassen und sie patentiert auf den Markt bringen, wenn erwartet werden kann, daraus entsprechendes Kapital zu machen. Davon war schon die Rede und auch davon, dass auf diese Weise das Nobelste des Wissenschaftsbetriebs, alle Einsicht allen frei verfügbar zu machen, pervertiert wird.

Der Öffentlichkeit ist ein solches Vorgehen besonders auf dem Gebiet der *Genanalyse und Gentechnik* bekannt. Es führte schon zu der absurden Situation, dass Teile der Genausstattung von Rassen und Arten, auch der des Menschen, patentiert wurden. Dies lädt in der Folge dazu ein, die gesamte Ausstattung von Arten, des Menschen oder seines persönlichen Genoms patentieren zu lassen.

Man soll sich aber vor Augen halten, dass das, was die Genanalyse an den Tag bringt, Teilen eines unsortierten Materiallagers entspricht. Dabei ist das System der Genwechselwirkungen, etwa der jeweilige Bauplan eines Domes, einer Festung oder Siedlung, zum Großteil noch gar nicht erkannt.

Es handelt sich hier um das ‚Epigenetische System‘, um die systemischen Effekte in der Keimesentwicklung, die zu Hunderten die funktionellen Zusammenbauten der Gewebe und Organe steuern. Die systemische Verknüpfung reicht bereits so weit, ein komplexes System wie das Auge samt Steuerung und Abstimmung mit dem Gehirn – wie man das z. B. von Schollen und Seezungen kennt – von einer Seite des Kopfes geschlossen auf die andere wandern zu lassen.

Und man sollte es nicht für möglich halten, dass selbst in einem so sensitiven Gebiet der Biologie jene Paradigmen eingezogen sind, die ich bereits als ‚Übergangsformen zwischen pragmatischem und ontologischem Reduktionismus‘ kritisiert habe. Im Wesentlichen ist die Entwicklung damit zu begründen, dass dieses Gebiet der Biologie, die Genetik, zunächst von der Molekulargenetik und damit von Biochemikern übernommen wurde, in deren Ausbildung und Paradigmen Einsichten in Phasenübergänge, Emergenz und Historizität nicht vorkommen. Nicht einmal die Ursachenform der ‚causa

81

finalis', der Zwecke, gilt in der Biochemie als wissenschaftlich, wiewohl sie, wie ich schon gezeigt habe, im biochemischen Programm eines jeden Hühnereies unabweislich zu Tage tritt.

Das schließt Erfolge der Molekulargenetik nicht aus. Sollte es gelingen, jenes chemische Scherchen zu entwickeln, das es ermöglicht, die Anlage des Down-Syndroms, verantwortlich für den Mongolismus, die häufigste Geisteskrankheit des Menschen, aus dem Genom zu entfernen, würde man den Erfolg zu Recht feiern. Damit entsteht aber gleichzeitig das gespenstische Bild der Staatskommission, die künftig darüber zu entscheiden hätte, ob auch Aggressivität, Abweichlertum und zuletzt Phantasie aus der Anlage des Menschen herausgeschnitten werden sollen. Eine Zauberlehrlingssituation, der das Ethos unserer Zivilisation gewiss noch nicht gewachsen ist.[48]

Tatsächlich verhält man sich so, als ob die Gesetze des Atombaues, verlängert in jene der chemischen Bildungen, ausreichten, um aus Eiweißstrukturen ein gesundes Neugeborenes entstehen zu lassen. Diese Auffassung lädt dazu ein, in geschichtlich gewordene Komplexität mit der Vorstellung einzugreifen, Missgriffe auch wieder reparieren zu können. Das aber ist eben nicht der Fall. Kein Baukasten organisiert sich selbst. Es fehlt in der Theorie der Selbstorganisation das Wichtigste: das lenkende Obersystem, gewissermaßen das Kind, das auswählt, ob ein Türmchen oder aber ein Torbogen gebaut werden soll.

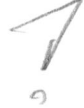

Überall schon wehen genmanipulierte Keime über die Anbauflächen. Niemand kann wissen, ob und wie sich diese Keime mit den nicht manipulierten verbinden. Dennoch besteht der Welthandel darauf, dass sich einzelne Staaten gegen manipuliertes Saatgut nicht wehren sollen. Die Bauern in den Entwicklungsländern müssen ihre kleinen Landwirtschaften aufgeben und hungern, weil die über Subventionen aus den Industriestaaten ins Land gepressten Produkte billiger sind.

Auch *Bedenkenlosigkeiten der Industrie* sind bekannt. Und wieder ist nicht zu verkennen, welch großen Segen diese der Menschheit schon gebracht hat, in der Regel dort, wo der Kausalzusammenhang eini-

82

germaßen verstanden wurde. Wo der Zusammenhang den Rahmen der Bildung, also der möglichen Voraussicht, übersteigt, wird Unheil angerichtet.

Als klassisches Beispiel wird man sich der Geschichte des DDT erinnern. Die insektentötende Wirkung dieser chlorierten Kohlenwasserstoffverbindung, 1874 erstmals synthetisiert, entdeckte PAUL MÜLLER, Mitarbeiter der Farbwerke Ciba-Geigy in Basel. Er erhielt dafür 1948 den Nobelpreis für Medizin. Der Kommentar lautete: „... für seine als Forscher des Labors der Farbenfabrik J. R. Geigy AG, Basel, gemachte Entdeckung der großen Wirksamkeit des DDT als Kontaktgift gegen gewisse Gliederfüßler."

Die Nobel-Laudatio von Professor FISCHER, Mitglied des Royal Caroline Institute, ist dem Anlass gemäß geradezu hymnisch. Sie schließt mit der Einsicht: „dass der wirkliche Wissenschaftler jener ist, der die Fähigkeit besitzt, die Bedeutung einer Entdeckung zu verstehen, zu interpretieren und zu evaluieren, die auf den ersten Blick unbedeutend erscheinen mag."

Das Produkt DDT wurde als Schweizer Patent ab 1940 vermarktet. Die Geschichte ist exemplarisch und verdient eine kurze Darstellung. MÜLLER war Industriechemiker und Praktiker, zunächst Laborassistent bei Dreyfus und Company, dann Chemie-Assistent bei Lonza A.G, graduierte bei den Chemikern FICHTER und RUPE in Basel und wurde 1946 bei J. R. Geigy Direktor der Abteilung für Pflanzenschutz. Mit diesem lupenreinen Lebenslauf ist er für keine der späteren Folgen verantwortlich zu machen.

DDT wurde zusammen mit Gasarol und Neocide gegen Hausfliegen, den Kolorado-Käfer und Moskitos verwendet und im Zweiten Weltkrieg beiderseits des Atlantiks gegen Typhus und Malaria eingesetzt. Es wurde in Sümpfen und Wohnungen, Frauen lustig unter die Röcke und tonnenweise von Flugzeugen über den riesigen Weizenfeldern Texas versprüht. Bald waren 600.000 Tonnen DDT in die Welt gesetzt.

Was MÜLLER offenbar nicht wusste – und offenbar auch nicht die Firma Geigy und auch nicht die Nobel-Kommission –, war, dass DDT, in die Böden eingesogen, in den Flüssen ausgeschwemmt, im marinen Phytoplankton adsorbiert und über die Nahrungskette weitergegeben (kleines Zooplankton – großes Zooplankton – kleine Fische – große Fische – Pinguine), jeweils um etwa eine Größenordnung, zusammen also auf das Millionenfache, verdichtet wird. Erst als die Pinguinpopulationen in der Antarktis schwanden, wurde man wach. Die Schalendrüsen der Weibchen waren die ersten Organe, welche die Anreicherung mit DDT nicht vertrugen, die Eischalen wurden zu dünn und brachen beim Legen.

Ich breite die Geschichte aus, weil hier die Kette deutlich erkennbar ist und evident wird, dass man die Gesetze der Hydrogeologie, Limnologie, Stoffresorption, der marinen Nahrungsketten und der Organ-Physiologie hätte kennen müssen – also die Gesetze von einem halben Dutzend weiterer Forschungsgebiete –, um das Unheil vorherzusehen. Dieses Wissen ist allerdings niemandem vermittelt worden.

Heute kennt man den enorm langsamen Abbau von DDT. Man schätzt, dass sich in den Böden angereichert noch 300.000 Tonnen des ‚Insektengifts‘ befinden. Man erkennt, dass die ‚Zusammenbruch-Produkte‘ DDE und DDD Giftalarme vom Nordpol bis in die Hochalpen auslösen, dass Anreicherungen in allen Fettgeweben auftreten. Man befürchtet Gesundheitsschäden durch hormonelle Schadstoffe und warnt vor Krebsbelastung. Heute ist man auch den möglichen Ursachen der ‚Nitrophen-Belastung‘ auf der Spur, und wir müssen auf weitere Nobelpreise hoffen, die zeigen, was nun gegen das DDT zu tun sei.

Diese Hoffnung scheint jedoch vergeblich zu sein. Das Problem wird einfach über Nitrophen-Verbote gelöst und setzt sich in Nitrophen-Skandalen fort.[49]

Dennoch geht das Aussetzen von DDT weiter. In manchen Staaten ist es längst verboten, nicht aber in den Tropen. Dort zieht man das Gift den Malariatoten vor. Etwa 60.000 Tonnen werden noch jährlich versprüht, allerdings mit dem Ergebnis, dass dadurch bereits 24 neue DDT-resistente Anopheles-Arten herangezüchtet wurden.

Nun mag es sein, dass manchen die Schalendrüsen der Pinguinweibchen in der Antarktis nicht zu Herzen gehen. Es empfiehlt sich daher ein Rückblick auf die Kernenergie, wo mangelnde Bildung Ähnliches bewirkte.

Als sich die Verwendung der Kernenergie zu verbreiten begann, sah es so aus, als ob nun das Energieproblem der Menschheit gelöst wäre. Die Kernphysiker sollten die Brennstäbe einfach auf- und abdrehen. Das mit dem Abdrehen stimmte aber nicht. Man kann Brennstäbe nur auf Sparflamme stellen. Die einmal initiierte Strahlung ist, und zwar für Generationen, nicht mehr zu bremsen.

Dennoch waren in der Euphorie hinsichtlich einer Lösung des Energieproblems alle Bedenken, wenn es überhaupt welche gab, überhört worden. Es fielen keine Physiker auf, die von der zwingenden Folge einer Strahlenverpestung gewarnt hätten. Man kippte den Müll ohnedies ins Meer. Man hörte keinen Politologen und keine Militärstrategen, die den kommenden Machtwandel und die absurden Drohgebärden aus aller Welt vorausgesehen hätten. Man würde schon aufpassen. Wir hörten von keinem Wirtschaftswissenschaftler, der wissen hätte müssen, dass der gefährlichste Schleichhandel auf dieser Welt beginnen würde, von keinem Geheimdienst, der berichtete, dass das Spionagesystem einem gefährlichen Höhepunkt zustreben werde. Und schließlich hörte man nichts von den Physiologen und Entwicklungsbiologen, die hätte wissen müssen, dass mit irreparablen Langzeitschäden zu rechnen sein musste. Schlimmstenfalls würde man geplatzte Werke ummanteln und Jodpillen verteilen.

Wieder ist von einem halben Dutzend Disziplinen die Rede, die in keiner unserer Bildungsstätten integrativ gelehrt werden. Eine Ausnahme bilden vielleicht die Institute für Risikoforschung, aber man muss wissen, wie ärmlich diese dotiert sind. Ein weiteres Mal spielen wir Zauberlehrling und sind in eine Narretei geraten.

b) Um wessen Interessen geht es?

Es soll nun nicht das Bild entstehen, es gäbe keine gebildeten, weitsichtigen Menschen. Auch Nachdenklichkeit hat sich verbreitet. Aber nirgends sind die Nachdenklichen zu großen Entscheidungen und zum Handeln aufgerufen worden. Unsere ganze Kulturgeschichte ist von Machern dominiert worden, Machern von Maschinen, Staaten und Kriegen. Das wurde uns über zwei Jahrhunderte als

‚Geschichte von oben‘ unterrichtet; Geschichte soll allein aus Feldschlachten und Friedensdiktaten verstanden werden. „Wenn man erfährt", witzelte BERTOLT BRECHT, „dass ALEXANDER Indien erobert hat, muss man wohl annehmen, dass er wenigstens seinen Koch mitgehabt hat". Nicht nur ein Koch, die Volksbewegung ganz Griechenlands stand dahinter.

Natürlich ist eine ‚Geschichte von unten‘ zu bedenken, die Geschichte der Befindlichkeiten aus der Perspektive der kleinen Leute. Eine ‚Geschichte von unten‘ ist angereichert durch die Paradoxie der „kollektiven Wahrheit". Und diese tritt am reinsten auf, wenn niemand etwas wissen kann und man sich nach der Meinung aller richtet. So bildet sich das gemeinsame Substrat, über das die Macher erst Erfolg haben können und in unserer Gesellschaft derart wirksam werden. Aber auch sie selbst sind einem Dirigismus ausgesetzt, den sie nicht leicht durchschauen.

Es ist in allen Kulturen *ein Siebungseffekt* feststellbar. Das heißt, es erfolgt die Trennung jener, die machen, von solchen, die gemacht werden oder wenigstens das Machen zulassen. Lord SNOWS Bemerkung wird einem wieder einfallen, dass die Naturwissenschaften die Welt etwas unbedacht verändern würden und die Geisteswissenschaften außer Lamenti nichts beizutragen hätten. Darüber war schon bei der Schilderung der einander widersprechenden Paradigmen nachzudenken. Es bedarf fürs ‚Machen‘ einer bestimmten Ausbildung und eines satten Selbstwertgefühls, man kann sogar sagen, einer gewissen Unbildung. Man wird sich des entblößenden Urteils der beiden MEDAWARS über ARISTOTELES erinnern. Im Ganzen ist das eine scheinbar so grobe Behauptung, dass sie verlangt, begründet zu werden.

Nun kann es ja kein Zufall sein, dass alles ‚Machen‘ und alle tieferen Eingriffe in diese Welt von einem Ausbildungssystem, einem Paradigma ausgehen, das eben Eingreifen legitimiert. Die wissenschaftsfördernde Wirtschaft braucht Erfolg versprechende Produkte, geschaffen von Persönlichkeiten, die zupacken; keine Zögerlichen und Grübler sind gefragt. Auch da stecken Verantwortungen dahinter.

86

Es geht in den Konzernen *um sehr viel Geld,* vergleichbar mit den Haushalten kleiner Staaten. Und es geht, wie schon bemerkt, um mehrfache Verantwortungen. Die Gewerkschaften kämpfen für die Erhaltung der Arbeitsplätze, das mittlere Management muss beispielsweise noch für seine nicht abbezahlten Zweithäuser aufkommen, und die Wertpapierbesitzer müssen zu ihrem eigenen Überleben das angelegte Kapital wachsen sehen. Wie groß die Werte, die ein Konzern geschaffen hat, auch sein mögen, unser Wirtschaftsystem sieht vor, dass sie bei einem Wachstumsrückfall sofort vom Nachbarn verschlungen werden. Dabei geht es um den Lebensunterhalt von Tausenden von Mitarbeitern. An dieser Stelle ist der humanitäre Auftrag im nationalen Bereich nicht zu leugnen.

All diese Abhängigkeiten sind nun auch nicht den Konzernleitungen zuzuschreiben. Sie sind lediglich ein mitbewegter Teil im Strudel eines Wirtschaftssystems, dem sie sich nicht entziehen können. Zu ihrer Entlastung erlaube ich mir, an einige generelle Einsichten zu erinnern, von denen ja mein ganzes Thema ausgegangen ist.

Das Wirtschaftssystem ist uns in dem Maß über den Kopf gewachsen, als es menschliche Maße verlassen hat, und zwar in dem Sinne, als es Eigengesetzen folgt, die jenseits unserer sensorischen Adaptierung liegen. Das beginnt tatsächlich schon mit der Erfindung des Geldes; eine Macht, die gegenüber allen gewohnten Kräften – unverrottbar, versteckbar, transportabel und spontan – in jede andere Form von Macht verwandelt werden kann. Wirtschaftssysteme sind aufgeblüht und international verflochten worden, haben Zins und Zinseszins eingeführt und zwar entgegen unserem Verständnis für exponentielle Entwicklungen. Schließlich ist der Liberalismus, dessen Mechanismus man ohnedies einer Unbekannten, der ‚unvisible hand‘, zugedacht hat, einem Kapitalismus gewichen, der wiederum auf einen Neokolonialismus des Kapitals zuläuft. Welcher Manager also könnte sich der Entwicklung entziehen?

In den großen Forschungsinstituten *geht es um Konkurrenz,* zunächst auf akademischer Ebene. Wem die teuren Analysegeräte und der kostspielige Betrieb nicht finanziert werden, der kann gar nicht mehr mitreden. Dabei ist es nicht minder ehrenhaft, wenn sich Instituts- und Forschungsleiter darum bemühen, die zahlreichen Mitarbeiter, die sie untergebracht haben, an der Forschungsfront ihrer Themen zu halten, damit auch diese ihre Karriere sichern können.

Das aber ist nun keine kleine Truppe mehr, sondern es sind heute Hunderttausende, die, in der Industrieforschung wie in den industriegeförderten Forschungsinstituten, Förderung beanspruchen. Der Kreis meines Berichtes schließt sich.

Nun bleibt zu prüfen, in welche Richtung *die Forschung* durch jene Zusammenhänge *verschleppt* wird.

Dass die Industrieforschung produziert, was mit Gewinn zu verkaufen in Aussicht steht, liegt auf der Hand. Wir erörterten bereits den Umstand, dass es dabei durchaus auch um Grundlagenforschung gehen kann, aber eben um Grundlagen für das Machbare. Man muss nicht zynisch werden und fragen, wie weit man mit der Erforschung jener Grundlagen gekommen wäre, die Hermeneutik, Historizität oder Emergenz verständlich gemacht hätten. Aber wenigstens die Erforschung der Grenzen der Reparierbarkeit von Eingriffen hätte lohnen müssen.

Es ist zwar eine Forschungsrichtung entstanden, die unter dem Titel ‚Technology Assessment' Verantwortlichkeiten prüfen sollte. Aber es geht eben um Technologie, und das ist ein Gebiet, in dem die Kausalzusammenhänge eher durchschaubar oder doch aufklärbar sind. Der wissenschafts- wie erkenntnistheoretische Teil wird nicht angefasst.

Wie weit Universitäts- und Forschungsinstitute vermittels Förderung durch die Industrie von ihren zentralen Fragen weggelockt werden, erscheint vorerst schwer zu erschließen; zumal wenn man bemerkt, dass gar nicht so leicht angegeben werden kann, was denn die zentrale Aufgabe eines Forschungsinstituts sein sollte und wie sich sein Forschungsthema aufgrund neuer Einsichten zu verlagern habe.

Eindeutig ist das Abdriften aus den genuinen Aufgabenbereichen zunächst an jenen Fällen zu erkennen, wo Widersprüche innerhalb der disziplinären Paradigmen auftreten, aber nicht zu Prüfungen Anlass geben, vielmehr erst minimiert, dann verdrängt und schließlich verschwiegen oder einfach vergessen werden. Zu den Wegbereitern solcher Entwicklung zählen neuerdings viele Lehrbuchautoren. Um sein Produkt verlässlich zu verkaufen, pflegt der Autor sich auf den erwähnten Prüfungsstoff zu beschränken, worunter im Allgemeinen ‚harte Fakten‘ verstanden werden, was natürlich alle problematischen Stellen ausschließt. Das führt letztlich zu einer geistigen Beschränkung, die sich in den Wissbegierigen fortsetzt.

In Biologie und Genetik gilt diese Tendenz für die Evolutionstheorie. Das Paradigma der molekularen Betrachtung sieht vor, dass das Zusammenwirken von Zufallsmutationen und die Selektion durch das Milieu den Vorgang zureichend erklären, während dieses simple Schema durch Phänomene aus der Paläontologie und der Entwicklungsbiologie längst widerlegt ist.

In der Chemie gilt Ähnliches für die Entstehung von komplexeren Systemen. Das Paradigma sieht vor, diese Systeme zureichend auf Atomgesetze zurückführen zu können, wobei sich das schon im einfachsten Fall, der ‚Wasserstoffbrücke‘, und über alle versuchten Zugänge nur als näherungsweise möglich erweist.

Bei all diesen Beispielen geht es um ein Verharren im Paradigma des Reduktionismus. Dessen irrige Annahmen haben wir schon kritisch geprüft. Dabei geht es, wie erinnerlich, darum, die Wirkung der Obersysteme auszuschließen sowie den zweiseitigen Ursachenbezug und folglich auch die Phänomene der Historizität und Emergenz zu ignorieren.[50]

Die hoffnungsvolle Vision von KARL POPPER, dass im akademischen Bereich im Konfliktfall die falsche Theorie stellvertretend für ihren Vertreter sterben könne, hat sich nicht bewahrheitet. THOMAS KUHN hat klar gemacht, dass nicht Theorien sterben, sondern die wissenschaftlichen Schulen, die sie vertreten. Das aber sind Generationenprozesse.

Die Verschleppung der Wissenschaften durch die Wirtschaft beruht also im Wesentlichen auf einem bloßen Siebungseffekt, wobei des darum geht, aus dem Pool der Wissenschaftler die Macher zu sieben. Die Entwicklung wurde vorbereitet durch einen Bildungsmangel, für den unsere Bildungsinstitutionen die Verantwortung tragen.

89

Ich möchte aus Erfahrung behaupten, dass manche Kollegen das Problem, für das sie verantwortlich wären, gar nicht kennen. Manche Kritiker sagen, es sei der Indolenz zuzuschreiben, dem Geschäftssinn und der Trägheit, die veranlassen, im Gespann der gängigen und einfacheren Lösung mitzulaufen. Dies führt zu einem Effekt der Majorisierung, dem zufolge jene, die Mittel und Einfluss besitzen, die Schweigenden oder Nachdenklichen einfach überlaufen.

Nun war vereinfachend stets von „den Wissenschaften" die Rede. Man muss sich darum erinnern, dass damit jene gemeint sind, aus denen unser Wirtschaftssystem viel Kapital machen kann. Wie viele Wissenschaften dagegen als Feigenblätter weiterleben, neben dem großen Strom dahinvegetieren oder einfach ausgehungert werden, wurde bereits erörtert. Ebenso war die Rede davon, dass interdisziplinäre Perspektiven heute weder angeboten noch verlangt und schon gar nicht gefördert werden.[51]

In unserer Wirtschaftswelt laufen aber noch zwei Entwicklungen parallel, welche die Drift in Massenströme legitimieren: die Entfremdung von der Wertschöpfung und ein zweiter Siebungseffekt nach dem Motivation/Intelligenz-Gefälle.

Was *die Entfremdung* betrifft, so hat sich ein Wandel eingeschlichen, der zwar schon zu den Selbstverständlichkeiten unserer Tage zählt, aber in seiner Wirkung nicht unterschätzt werden darf. Er betrifft den Lohnsack als alleiniges Wertmaß.

Wenn ein Wagner nach Wochen stiller Arbeit seinen neuen, besonders leichten und schmucken Jagdwagen auf den Dorfplatz rollte, war es nicht nur die klingende Münze, die er als Lohn erhalten sollte, sondern nicht minder die Bewunderung, die er von seinen Dörflern erwarten konnte: wie kompetent das Werkstück geschmiedet, die Federn gehärtet, die Säume geschnitzt und die Speichen gedrechselt seien.

Diese Aufmerksamkeit fällt am Fließband weg. Es ist unmöglich, stolz darauf zu sein, monatelang endlose Male fünf Schrauben festgezogen zu haben. Vielleicht ist es ein kleiner Stolz, zur Gilde der VW-, BMW- oder Mercedes-Monteure zu zählen. Aber das ist schon weit

90

hergeholt. Im Grunde steckt der persönliche Lohn nur mehr im Lohnsack.

Natürlich beginnt dieser Wandel mit der arbeitsteiligen Gesellschaft, und die ist es ja auch, die unsere Welt gefährdet. Man wird eingetaucht in die mechanische Massenproduktion, von der nur wenige Gilden verschont geblieben sind. Die Künstler sind dafür kennzeichnend und jene Berufsgruppen, vom Schmied bis zum Architekten, die sich ihre schöpferische Kreativität und Individualität noch erhalten haben.

Das Ergebnis zeigt sich in der Dominanz einer unsensiblen Konsumgesellschaft, die ihre Lebensqualität an den Maßen erreichter Bequemlichkeit und an der Erwerbbarkeit von Jedermann-Produkten misst. Mir ist gesagt worden, dass es in Europa nur mehr zwanzig Ingenieure gäbe, die in der Lage seien, einen Eiskasten zu verbessern, aber Hunderttausende, die das Produkt nur ausliefern können und es, sobald es kaputt ist, auf die Sperrmüllhalde karren.

Das soll nicht heißen, dass Verkäuferinnen sich nicht schmuck und individuell zu kleiden wüssten und Monteure keinem individuellen, fordernden Hobby nachgingen. Aber im Ganzen werden wir alle in einen Weltstrudel aus Kommerz, Umsatz, Geldfluss und Kapital hineingesogen, der die kulturellen Werte, was damit auch immer gemeint sei, minimiert oder ganz zum Verschwinden bringt.

Der zweite Siebungseffekt zeigt sich am deutlichsten an den Vorgesetzten und den Vorgesetzten der Vorgesetzten. Es soll nicht bezweifelt werden, dass ein Mangel an Skrupel und ein überhöhtes Selbstwertgefühl Aufstiege fördern. Gewiss aber spielen auch Motivation und Intelligenz eine Rolle. Die Erhöhung von Gehalt und Ansehen bei höherem Rang muss dazu führen, dass ein Großteil der Personen mit den erforderlichen Qualitäten in höhere gesellschaftliche Ränge abgesaugt wird. Begreiflicherweise gehen ihre Arbeitskraft und Leistung für die unteren Ränge verloren.

Nun sei nicht verschwiegen, dass viele dieser Herren Kunst sammeln und sich mit teurem Geschmack umgeben. Es kann sogar sein, dass ein guter Witz, ein philosophischer Augenblick oder ein guter Prediger, der das Leben geplagter Manager ad absurdum führt, diese kurz lachen, grübeln oder weinen macht, damit sie sich allerdings nur umso selbstverständlicher in ihr geplagtes, absurdes Leben zurück verfügen. Selbst wenn diese Menschen auch etwas andres gelernt hätten, sie müssen beim Rezept ihres Erfolges bleiben.

Selbstsicherheit und Lebensgefühl werden durch das Gefühl erhöht, besser zu sein als der Nachbar, denn wie überall ist der Nachbar das Maß der Ansprüche. Nun ist die goldene Nase schon längst verdient, die Anlage der zweiten wird vorbereitet. Nichts andres bleibt als Maß der Leistung zur Hand. Freilich, die Konten wachsen, die Kinder werden ausgestattet. Aber es bleibt ungewiss, ob saturierte Nachkommen damit gesicherter und glücklicher sein werden.

Die Ballung an Motivation und Intelligenz hat längst begonnen, Konzerne und Globalisierung anzutreiben. Dabei ist noch lange nicht für alle sichtbar, dass die rechtsstaatlichen Demokratien erst bevormundet und dann ganz überlaufen werden und dass die von uns gewählten Staatenlenker ins Schlepptau der Kapitalflüsse geraten. Da nun all diese Intelligenz doch nicht ausreicht, die Spirale von Rang und Ansprüchen zu relativieren, da der konkurrierende Nachbar immer noch das Maß der Dinge bleibt, wie in der Affenhorde, wachsen Machtkonzentrationen und wirtschaftliche Ansprüche hinaus über jedes menschliche Maß – und lenken die Forschung, gegen jeden Anspruch von Bildung, in immer gebündeltere Massenströme.

c) Verleitete Intelligenz

Man wird von der Annahme ausgehen dürfen, dass sich die guten und schlechten Charaktere in unserer Gesellschaft ziemlich gleich verteilen. Und man kann vermuten, dass der allgemeine Trend zur Gewinnmaximierung, die Anonymität in der Massenzivilisation, Kapitalströme und Globalisierung die Ausbildung der Charaktere nicht gerade verbessert haben. Die Zunahme der NGOs, von den Walfang- bis zu den Globalisierungsgegnern, zeigt das Unwohlsein in dieser Gesellschaft.

Die Feststellung scheint für unser Thema nicht sehr interessant, bis man allerdings bedenkt, dass mangelnde Charaktereigenschaften in Verbindung mit Intelligenz und Einfluss neue Wirkungen entfalten. Man kann voraussetzen, dass erfolgreiche Wissenschaftler einer Siebung unterworfen waren, in der Intelligenz eine Rolle spielt. Intelligenz ist hier im Sinne der landläufigen Definition gemeint, die besagt, ‚in welchem Maße die psychischen Funktionen des Einzelnen in der Lage seien, neue Aufgaben zu seinen Zwecken zu bewältigen'. Diesbezüglich mag bei Wissenschaftlern ein höheres Maß erwartet werden. In Verbindung mit schlechtem Charakter lenkt solche Intelligenz keineswegs förderliche Entwicklungen.

Ein altes Thema heißt „Käufliche Wissenschaft". Dieser Aspekt ist für eine Zunft, die angibt und vielfach sogar zu schwören hatte, für die Wahrheit zu leben, gewiss erschreckend. Bände sind darüber publiziert worden, und es ist nicht immer leicht zu entscheiden, in welchem Verhältnis sich beim Nachweis solcher Käuflichkeit Egoismus, Zugzwänge und Unbildung vermengen.

Ich halte sie im Grunde für ein Zivilisationsgebrechen gehobener Art, das unserer Zeit nicht minder zuzuschreiben ist als den Käuflichen unter uns Wissenschaftlern. Gewiss ist es ein arges Übel, aber ich verlasse dieses Thema vorerst, da die Käuflichkeit von Gutachten meiner Meinung nach immer noch den Widerstand aufrechter Gegengutachten zuließe.[52]

Auf der Abschussliste ist der Titel eines Buches, das ANTJE BULTMANN zusammengestellt hat. Das Sündenregister reicht so weit wie die Verknüpfungen von Wissenschaft, Wirtschaft und Politik. Am spektakulärsten sind die Folgen für jene Fachleute, die staatliche Vergehen, etwa die heimliche Herstellung chemischer Waffen, Atombombenproduktion und Atommüllentsorgung, aufdecken. Die Probanden landen in Gefängnissen und jahrelanger Untersuchungshaft.

Weniger spektakulär, doch mindestens so bedenklich sind die zahlreichen Fälle, in denen Industriemissbrauch seinen Aufdeckern beträchtlichen Schaden zufügt. Ihnen wird Untreue gegenüber den Konzernen vorgeworfen. Als Verräter werden ihre Leistungen angezweifelt, sie werden diskriminiert oder sogar entlassen. Das Gefährlichste sind Repressalien und existentielle Schadensandrohungen.

„Wenn es in einer Chefetage nicht gelingt", sagt BULTMANN, „den Konflikt innerbetrieblich zu unterdrücken, wird gewöhnlich versucht, eine Veröffentlichung im Vorfeld zu verhindern. Auf politischer Ebene kümmern sich Lobbyisten um die ‚richtigen' Rahmenbedingungen, und notfalls sorgt ‚sanfter' wirtschaftlicher Druck für Wohlverhalten." Die Beispiele reichen von chemischen Schadstoffen über Niedrigstrahlung und Elektrosmog bis zu Pestiziden, von Zusatzstoffen in der Lebensmittelindustrie bis zur Genmanipulation.

Schließlich sind *die fachlichen Hintergründe* am wenigstens spektakulär und für die Öffentlichkeit kaum durchschaubar. Sie sind verschwommen, aber effektiv. Denn natürlich stützt sich jede Produktion auf fachliche Vermutungen, auf Ansichten und Paradigmen – oder zumindest auf Vorgaben, die von irgendwelchen Ausbildungsstätten stammen. Hier schließt sich der Kreis meiner Geschichte nochmals und belegt die Diskrepanz von Ausbildung und Bildung, die unser ganzes Thema begleitet hat.

Es hängen ja nicht nur die Konzerne an ihren Erfolgen, sondern auch die wissenschaftlichen Schulen. Und diese stützen gegenseitig das, was man „main stream" nennt, einen dominanten Hauptstrom, der alles einsaugt, was an der erwarteten Reputation teilhaben möchte, und der alle Nonkonformisten sowie die Widersprüche in seinem Inneren verdrängt. Dabei lehrt die Geschichte der Wissenschaften, dass Innovationen immer von den Abweichlern ausgegangen sind und nicht vom Mainstream.

Die Technik zur Verdrängung der Abweichler ist verkappt und ganz unspektakulär geworden. GIORDANO BRUNO hatte man, wie ich erwähnte, noch öffentlich verbrannt, ROUSSEAU und VOLTAIRE schon nicht mehr, nur mehr ihre Bücher. Heute werden Abweichler totgeschwiegen. Es genügt, und zwar in übereinkommender Weise, nie mehr erwähnt zu werden. So entzieht sich der Hauptstrom auch jeder Diskussion. Wenn das Schweigen in konzertierten Unternehmungen erfolgt, so gilt dies auch nicht als unehrenhaft, denn es handelt sich offenbar um Perspektiven ohne Belang.

Was die Dokumente dieser Vorgänge betrifft, kehrt sich die Beweislage allerdings um. Gerechterweise weiß niemand mehr, welche

94

Knechte den Scheiterhaufen unter BRUNO angezündet haben. Die totgeschwiegenen wissenschaftlichen Gegner von heute sind allerdings, und zwar autorisiert, in unseren Bibliotheken verlässlich dokumentiert. Eine Fundgrube für künftige Recherche.

d) Immer schon ist eingegriffen worden

Meine Lamenti über unser Eingreifen in die Natur müssen nochmals relativiert werden: Leben selbst ist Eingreifen. Die bescheidenste Pflanze nimmt ihrer Nachbarin Licht und damit Energie weg. Sobald die Tiere ‚erfunden‘ waren und die Evolution auf die Idee kam, nicht auf das Licht zu warten, sondern gleich die in den Pflanzen konzentrierte Energie zu nutzen, liegt das Prinzip auf der Hand. Man sieht voraus, dass nun auch die Fleischfresser, die wir Räuber nennen, entstehen werden. Und der Mensch, der mit Geschick schon früh ganze Herden über Klippen in den Tod stürzen ließ, wird auf immer raffiniertere Techniken verfallen.

Noch mehr Systematik gewinnt das evolutionäre Prinzip mit der als sanft gedachten ‚neolithischen Revolution‘. Nun wurde gerodet, der Boden umgewühlt, gepflanzt, geerntet und alles wieder aufgefressen. Kondensierte Energie, in Organismen aufgebaute Ordnung, also Negentropie, wurde wieder auf ein Minimum reduziert, wie sie in allen unseren Ausscheidungen vorkommt. Nur mehr niederste Organismen, Bakterien und Pilze können davon ihren Nutzen ziehen. So ist Leben eben vorgesehen. Selbst die Gehirne unserer größten Geister haben letztlich zum Nutzen jener minimalen Kreaturen zu verrotten.

Der ganze Kreislauf unserer Existenz ist zugegebener Maßen kein sehr ‚sympathisches‘ Treiben. Aber er blieb dennoch in der Biosphäre ausgeglichen: Überausbeuter, die ihre Ressourcen zerstörten, wurden von der Evolution ausgeschieden, und der Rest an Mist, den Leben hinterlässt, wird nach dem Entropiegesetz in nächtlicher Abstrahlung aus der Biosphäre in die Kälte des Weltraums geschickt.

Unser Problem liegt wo anders. *Wir wurden zu tüchtig.* Schon unsere Zivilisationsgeschichte hat in der Welt Narben hinterlassen. Es wird vermutet, dass Raubbau das Entstehen von Wüsten, etwa im Zweistromland oder in Nordafrika, begünstigte und dass das Entstehen des Karsts in Dalmatien durch massive Rodungen für den Schiffbau Venedigs vorangetrieben wurde. Unsere Bemühungen, die Ausbreitung des Sandes zu verhindern oder den Karst wieder aufzuforsten, scheitern kläglich.

Das wirkliche Übel unserer Tüchtigkeit, so sind sich Fachleute einig, beruht auf dem Verprassen fossiler Brennstoffe. Das sind nicht nur geliehene, sondern, weil begrenzt, geplünderte Energien. Keine Segelschiffflotte hat der Welt Leid angetan. Heute haben wir uns daran gewöhnt, dass sich Tankerflotten mit gewaltigen Tonnagen von Umweltgiften durch alle Weltmeere wühlen, dass sie ihre Tanks auf offenem Meer waschen, selbst im engen Mittelmeer, und dass sie immer wieder stranden und Quadratmeilen von Leben zerstören. Unser Wirtschaftssystem sieht es so vor.

Wir haben nach den Gesetzen des Lebendigen auch stets Gifte in die Welt ausgeschieden. Die Natur aber hatte sich schon längst darauf eingestellt, Gifte abzubauen, ja zu nutzen. Auf 600.000 Tonnen DDT, wie zu berichten war, ist die Natur nicht vorbereitet, und bei anderen Umweltgiften geht es um keine geringeren Mengen.[53]

Hoffnung sehen viele in der ansteigenden Zahl von Umweltinstituten und Umweltorganisationen. Es mag sein, dass diese Institute und Organisationen in dem Maße zunehmen, wie die Verpestung in unserer Welt und in unseren Körpern zunimmt. Gewiss, viele sind wach geworden. Die Lamenti, die Lord SNOW den Geisteswissenschaften zuschrieb, kommen nun auch von den Naturwissenschaften. Doch werden sich Lamenti gegen eine Zeitströmung durchsetzen, welche die Macht der Durchsetzung ganz anders verteilt?

Ein letztes Mal kehren wir zurück zur „Unheiligen Allianz", die den Antrieb darstellt, und zur Bildung, die das alles lösen könnte.

Gegen den aufgezeigten Unfug soll weiter das hohe Lied auf die Wissenschaften gesungen werden. Das Schöpferische in ihnen, ähnlich wie in den Künsten, gehört zu den schönsten Dingen dieser Welt, beinahe dem Erlebnis einer Offenbarung verwandt. Ich habe dieses Glücksgefühl, dem Großartigen der Schöpfung nahe gekommen zu sein, in sechs Jahrzehnten Forschung immer wieder mit großer Dankbarkeit empfangen. Das Gefühl dauerte an, bis der Blick, immer weiter werdend, auch auf den Müll der unteren Laden fiel und ich die Notwendigkeit erkannte, ein solches Buch zu schreiben wie das vorliegende. Das aber, um nicht die Hoffnung auf eine ‚bessere Welt' aufzugeben: eben im Glauben an die Opposition der Gebildeten.

Anmerkungen

Literatur zum jeweiligen Absatz ist in Kurzform angegeben. Die vollständigen Zitate befinden sich im Literaturverzeichnis.

Zu Kapitel 1

1 Mein Zitat aus Homers *Odyssee* ist dem dreizehnten Gesang der Übersetzung von Johann Heinrich Voß, entnommen. Was die Kosmogonien betrifft zitiert man meist die *Weltschöpfung* von Hans Schwabl. Die ‚Vorsokratiker‘ sind bei Wilhelm Capelle nachzuschlagen. Aus diesem die XENOPHANES-Stelle 22 fr.11 bis 25 fr 15. Platons Siebenter Brief 326 b-c/I, 303 bis 350a/I, 324 ist Gottfried Martins *Platon* entnommen. Die Attisch-ionische Erziehung ist bei Matthias Lechner dargestellt. Texte zu den Unterrichtsfächern finden sich bei Christian Drazko und solche zur Verbreitung von Wissen durch Bücher bei R. Barth unter http://biblio.unibe.ch/stub/vorl96/index.html#01 Elementarlehrer hatten eine niedrige soziale Stellung, mit Handwerkern gleichgesetzt, denn jeder athenische Bürger hatte das Recht, eine Schule aufzumachen. Sophisten und Philosophen waren Lehrer der höheren Bildung mit hohem Ansehen. Auch das Honorar scheint in älterer Zeit hoch gewesen zu sein (20 Minen), aber die Konkurrenz drückte die Preise (3–4 Minen im 4. Jhd.). Gegen Geld zu unterrichten war damals neu und revolutionär und wurde von konservativen Zeitgenossen getadelt. Platon war es unbegreiflich, dass für Geld Wahrheit verkauft wurde.

2 Information zum Erziehungswesen der Spätantike: Vespasian gab 244 als Erster lateinischen und griechischen Rhetoren staatliche Anstellung und Besoldung. Unter Kaiser Antonius Pius (138–161) bekamen Rhetoren und Philosophen in allen Provinzen Gehälter. – Im Jahr 370 beschloss Kaiser Valentinian in einem Dekret die Meldepflicht für Studenten beim Zensualamt, ansonsten wurden sie in die Heimat abgeschoben. Außerdem enthielt das Abgangszeugnis einen Vermerk über Betragen und wissenschaftliche Leistung. Unter Marc Aurel mussten Lehramtsbewerber eine wissenschaftliche Prüfung ablegen.
Apologeten waren im gegebenen Zusammenhang Verteidiger der christlichen Lehre im 2. Jahrhundert, namentlich der Lehren des Paulus, meist gegenüber den griechischen Philosophien. Genannt werden in erster Linie Justin, Athenagoras oder Theophilus. Zum Nachschlagen: z. B. Hermann Lais *Probleme einer zeitgemäßen Apologie* (siehe auch: Fundamentaltheologie).
Als Kirchenväter bezeichnet man verdiente Gelehrte–‚doctor ecclesiae‘.– z. B. unter den Griechen besonders Athenasius und Chrysostomos (4./5. Jhd.), unter den Römern in erster Linie Augustinus (4./5. Jhd.) und Thomas von Aquin (13. Jhd.).

3 Zitiert aus dem mehrbändigen Werk von Will Durant *Kulturgeschichte der Menschheit*, erschienen ab 1959. Ferner charakteristisch für die Spätantike ist:
Hörgeldbefreiung für ärmere Studenten. – Reiche, auswärts Studierende hatten Pädagogen (Sklaven) als Begleiter. – Das Jahresgehalt für Professoren unter Vespasian betrug 100.000 Sesterzen. – Kaiser Konstantin beschloss in den Konstitutionen von 321, 326 und 333 für Ärzte, Grammatiker und andere Professoren samt Familie die Immunität, die Befreiung von Abgaben und vom öffentlichen Dienst sowie ein regelmäßiges Gehalt. Dichter waren von der Immunität ausgenommen. – Studentenverbindungen existierten auch schon in antiken Universitätsstädten, wurden aber später von Kaiser Justinian unterdrückt.

4 Die wesentlichste Quelle: Bernard Lewis, Charles Pellat und Joseph Schacht *The Encyclopedia of Islam*, mehrbändig erschienen ab 1960. Zur Bedeutung Siziliens im Mittelalter: Friedrich-Karl Kienitz *Nordmänner auf Sizilien*.
Al Ahzar Universität (998): 35 Juristen mit Gehalt. 750 ausländische Studenten.
Organisation der Al Ahzar im Mittelalter: Der Superintendent stammte aus einer höherer Gesellschaftsschicht. Jede ,riwak‘, analog zu den Nationes mittelalterlicher europäischer Universitäten, hatte einen ,shaykh‘ an der Spitze ebenso wie jede Fakultät. Der Rektor war auf Lebenszeit bestellt, die ,shaykhs‘ unterstanden ihm, während er der Regierung unterstand.
Kairaouine, Fes: Die um 860 gegründete und im 12. Jhd. erweiterte Universität zählte mit ihrer Bibliothek zu den bedeutendsten Universitäten der arabischen Welt. Die Kontrolle oblag dem obersten Kadi von Fes, gleich einem Rektor, die Ernennung von Professoren erfolgte durch den Sultan. Die Gehälter waren bescheiden, aber die Regierung verteilte jedes Jahr Geschenke.
Die Professoren besaßen keine Lehrverpflichtungen, aber der Tradition gemäß sollten sie eine Vorlesung pro Tag halten.

5 Das obige Zitat ist Helene Kastinger-Rileys *Hildegard von Bingen* entnommen: *Scivias. Wisse die Wege.* Zum Bildungskanon im Mittelalter benütze man www.fh-lueneburg.de, zu Schrifttum und Klosterbibliotheken http://biblio.unibe.ch/stub/vorl96/index.html#01
Frühe Gründungen: Kloster Vivarium, Squillace in Kalabrien, gegründet von Flavius Magnus Aurelius Cassidor (485–578) um 555 dessen Klosterbibliothek christliche und heidnische Autoren umfasste! – Benedikt von Nursia gründet im Jahr 529 zwischen Rom und Neapel das Kloster Monte Cassino, – Im 7. Jhd. wird Spanien für das Buch- und Bibliothekswesen bedeutend; wichtiger Vertreter ist Bischof Isidor von Sevilla (560–636).

Missionierungswellen: vom 6–8 Jhd. die irische und die angelsächsische Missionierung; Sekundärmissionierung von Gallien nach Osten. – Reformbewegungen und Neugründungen im Hochmittelalter gegen reiches, verweltlichtes Mönchtum. Heute sind z. B. die Benediktiner mit 11.000 Männern und 25.000 Frauen führend in Deutschland.

Bibliotheken: In Karolingisch-Ottonischer Zeit waren 200–300 Bücher eine gute, 500–600 eine sehr gute Bibliothek; Das Kloster von Bobbio besitzt am Ende des 9. Jhd. fast 900 Codices und gilt als größte Sammlung dieser Zeit; um 1300 hat die päpstliche Bibliothek in Avignon mit 2000 Bänden ihre höchste Bestandszahl. Im 15. Jhd. umfassen gute Bibliotheken 600–800, die besten 1500–2000 Bände. Die Dominikaner, Benediktiner und Jesuiten engagieren sich besonders in Wissenschaft und Lehre. Die Jesuiten wurden 1534 in Paris durch Ignatius von Loyola gegründet und 1540 als Orden anerkannt. Nachzuschlagen unter www.jesuiten.org

6 Das obige Zitat ist dem 33. Kapitel von Leonardo da Vincis *Trattato* von etwa 1485 entnommen. Zitiert aus Kenneth Clark *Leonardo da Vinci*. Zum Humanismus: Ernst Cassierer *Individuum und Kosmos in der Renaissance*, zu Petrarca z. B. Eckhard Kessler *Petrarca und Geschichte* und Giovanni Pico della Mirandola *De dignitate hominis* 1486, deutsch 1940.
Zu Galilei in seiner Zeit: Mario Biagnioli *Galilei der Höfling*. Nähere Informationen zu Kopernikus und Kepler findet man im Internet unter
http://www.bartleby.com/65/co/Copernicus.html,
www.kepler.arc.nasa.gov/johannes.html,
http://es.rice.edu/ES/humsoc/Galileo/People/kepler.html,
www.phys.virginia.edu/classes/109N/1995/lectures/kepler.html sowie unter
http://www-gap.dcs.st-and.ac.uk/~history/Mathematicians/Kepler.html
Zur Geschichte der Universitäten in Norditalien kann man u. a. im Internet unter www.ib.hu-berlin.de/~pz/zahnpage/librdisc.htm,
www.unipr.it, www.unibo.it sowie unter www.unimo.it nachschlagen.

7 Zu den Quellen: Universität Paris www.univ-paris1.fr, Universität Prag http://www.cuni.cz/cuni/history/historie.html.cs, Thomas Ellwein *Die Deutsche Universität vom Mittelalter zur Gegenwart*, Rudolf Schreiber *Studien zur Geschichte der Karls-Universität zu Prag*, Jerzy Wyrozumsky *The history of the Jagiellonian University. Krakau.* In: Josef Bergel, Anton Blaschka und Josef Hemmerle *Forschungen zur Geschichte und Landeskunde der Sudetenländer*, Universität Wien www.univie.ac.at, Peter Zahn *Bücher, Studenten, Magister und Doktoren in der Universität des Mittelalters*:
http://ib.hu-berlin.de/~pz/zahnpage/librdisc.htm
Die Universitäten des Spätmittelalters waren klein und bestanden meistens aus 2–3 Professoren pro Fakultät und 100–200 Studenten; Im 14.–16. Jhd.

100

wurden es wesentlich mehr. Man konnte sich ohne Vorbildung immatrikulieren, Bildungslücken konnten in halb-privaten Kursen oder Veranstaltungen der Bursen und Collegienhäuser geschlossen werden. Studiengebühren wurde eingehoben, Adelige waren bevorzugt, es gab aber auch Stipendien. Promotionen waren bis zum 18. Jhd. mit Adel und landesherrlichen Interessen verbunden. Praktische Theologie dominierte bei Universitäts-Vertretern auf protestantischer wie auf katholischer Seite.

8 Zeitgenössische Schlüsselwerke zur Revolution und Aufklärung und dazu Übersichten findet man bei Erich Cassierer *Die Philosophie der Aufklärung*, Schneider *Die wahre Aufklärung* sowie Jamme, Kurz *Idealismus und Aufklärung*.
Information über die Rolle und Stellung der Universitäten während der Aufklärung findet sich bei Thomas Ellwein *Deutsche Universität vom Mittelalter zur Gegenwart*. Weiteres über die Aufklärung und Geschichte der Bildung im 18. Und 19. Jhd. findet sich unter
http://www.wissen.swr.de/sf/begleit/bg0007/bg_ag07e.htm,
Information zu Antoine Lavoisier unter
http://www.bartleby.com/65/la/Lavoisie.html,
http://www.lexcie.zetnet.co.uk/virginia-lavoisier.htm,
http://www.chemheritage.org/EducationalServices/chemach/fore/all.html
sowie http://www.english.upenn.edu/~jlynch/Frank/People/lavois.html

9 Information zu den Universitäten findet man bei Thomas Ellwein Die Deutsche Universität vom Mittelalter zur Gegenwart, Information zu technischen Hochschulen, z. B. MIT, ETH und TU Wien unter
http://web.mit.edu, www.imc.ethz.ch/fbprof/199912 und www.tuwien.ac.at
Um 1800 kam es zu einer Krise in der Universitätslandschaft, zu einer Erstarrung des Lehrbetriebs und zur Schließung vieler Universitäten in Deutschland, es entstanden die ersten fachgebundenen Hochschulen. Nur wenige Universitäten öffneten sich den modernen Wissenschaften, z. B. Halle und Göttingen. 1810 wurde die Berliner Humboldt Universität gegründet. Im Sinne der Reformbestrebungen kam es zu einer sinnvollen Aufgabenteilung zwischen Universität und Schule, aber die alte Form mit vier Fakultäten wurde übernommen, wobei die Artistenfakultät zur philosophischen Fakultät wurde. Das Studienangebot setzte nun die Absolvierung einer höheren Schule voraus. Das Allgemeinwissen stand noch im Vordergrund, erst im späten 19. Jhd. wurden die fachwissenschaftlichen Anforderungen immer größer. Die Zerlegung in Fakultäten begann im 19. Jhd. Der Unterschied zwischen höherer und niederer Bildung unterstrich die privilegierte Stellung der Universitäten, es kam zu einer 2-Teilung der wissenschaftlichen Bildung mit Entstehung der Technischen Hochschulen sowie Akademien

für Berg- und Forstwesen und Naturwissenschaften. Die Universitäten gehen von Bildung zu Ausbildung und von Wissenschaft, die auf Bildung und Wahrheit bezogen war, zu Forschung über. Die allgemeine Bildung als gemeinsame Grundlage entfällt allmählich mit der Differenzierung der Einzelwissenschaften, die Naturwissenschaften wenden sich von philosophischer Spekulation ab und empirisch gesicherter Erkenntnis zu, Mediziner und Juristen bemühten sich immer mehr um eine eigene Grundbildung. Im 19. Jhd. kam es zur Gründung von technischen Hochschulen wie z. B. der technischen Hochschule in Wien (1815), der ETH Zürich (1855) und dem MIT in Boston (1865).

10 Johann-Wolfgang von Goethe 1795 *Morphologische Schriften* S. 17, Ernst Haeckel 1868 *Natürliche Schöpfungsgeschichte*, Wilhelm Dilthey 1883 *Einleitung in die Geisteswissenschaften*, Wilhelm Windelband 1892 *Die Geschichte der Philosophie*, Kurt Breysig 1936–1955 *Die Geschichte der Menschheit*, August Boeckh 1966 *Enzyklopädie und Methodenlehre der philologischen Wissenschaften I. Formale Theorie der philologischen Wissenschaften*, Eduard Spranger 1980 *Grundlagen der Geisteswissenschaften*. Rupert Riedl 1985 *Die Spaltung des Weltbildes. Biologische Grundlagen des Erklärens und Verstehens.*

11 Dokumente und Schlüsselwerke zu Geschichte der Universität Wien sind unter www.univie.ac.at zu finden; Information über die Geschichte der Universitäten Paris, Prag und Krakau unter www.univ-paris1.fr, www.cuni.cz/uni/history/historie.html.cs sowie http://www.uj.edu.pl/index.html, Rudolf Schreiber *Studien zur Geschichte der Karls-Universität zu Prag.* In: Josef Bergel, Anton Blaschka und Josef Hemmerle *Forschungen zur Geschichte und Landeskunde der Sudetenländer.*
Zur Universität Krakau: Jerzy Wyrozumsky *The history of the Jagiellonian University.* In: Josef Bergel, Anton Blaschka, Josef Hemmerle (Hrsg.) *Forschungen zur Geschichte und Landeskunde der Sudetenländer.*

12 Bemühungen um die Hermeneutik von Dannhauer im 17. Jhd., von Meiers und Schleiermacher im 18. Jhd.; Zur Methode und Formulierung der Geisteswissenschaften von Wilhelm Dilthey 1883 *Einleitung in die Geisteswissenschaften.*
Informationen zur Philosophischen Fakultät Wien, sowie zur Geschichte des Frauenstudiums finden sich unter www.univie.ac.at
Zur Geschichte der Philosophischen Fakultät Wien: 1384 erlässt Herzog Albrecht III einen Stiftbrief und gewährleistet somit den tatsächlichen Beginn der Universität Wien mit vier Fakultäten, einer artistischen (= philosophischen), juridischen, medizinischen und theologischen Fakultät. 1623 übernehmen die Jesuiten die Verwaltung der theologischen und philosophi-

schen Fakultät. 1848 kommt es zu einer umfassenden Bildungsreform und zu einer Erhöhung des wissenschaftlichen Niveaus, die philosophische Fakultät wird in den Rang einer wissenschaftlichen Lehr- und Forschungsrichtung erhoben. 1975 wird die philosophische Fakultät drei-geteilt in Grund- und Integrativwissenschaftliche, Geisteswissenschaftliche und Formal- und Naturwissenschaftliche Fakultät.

Die Grund- und Integrativwissenschaftliche Fakultät umfasst humanwissenschaftliche Grundlagenforschung, naturwissenschaftliche, geisteswissenschaftliche und medizinische Aspekte. Um die 27.000 StudentInnen studieren an 11 Instituten: Philosophie, Psychologie, Pädagogik, Politikwissenschaften, Soziologie, Völkerkunde, Geographie, Publizistik und Kommunikationswissenschaften, Theaterwissenschaften, Sportwissenschaften, Wissenschaftstheorie und -forschung.

Die Geisteswissenschaftliche Fakultät umfasst jene klassischen und modernen Wissenschaften, die zum historischen Kernbereich der Universität zählen. Um die 20.000 HörerInnen studieren an 30 Instituten: Germanistik und Fremdsprachen, Literaturwissenschaft, Geschichte, Kunst- und Musikgeschichte, Archäologie und Völkerkunde, sowie das Studium nichteuropäischer Kulturen.

Die Formal- und naturwissenschaftliche Fakultät umfasst ca. 11.000 HörerInnen an 29 Instituten: Biologie, Physik, Chemie, Astronomie, Ernährungswissenschaften, Genetik und ökologie.

Frauenstudium: ab 1863 war an der Universität Zürich die Inskription für Frauen möglich. Zwischen 1870 und 1894 gewannen Frauen fast überall in Europa Zugang zum Hochschulstudium, mit Ausnahme von Preußen und österreich. In den beiden letztgenannten Ländern bot die Universitätsreform von 1849/50 den Gegnern des Frauenstudiums eine willkommene Handhabe, da das Studium ohne Matura nicht möglich war. Erst 1896 wurden in österreich die gesetzlichen Voraussetzungen für die Ablegung der Matura durch Frauen geschaffen. 1897 wurden Frauen an der Philosophischen Fakultät zugelassen, 1900 an der Medizinischen Fakultät, 1919 an der juridischen Fakultät, 1923 an der Evangelisch-Theologischen und 1946 an der Katholisch-Theologischen Fakultät.

1907 habilitierte sich Else Richter als erste Frau an der Philosophischen Fakultät Wien, um 1921 ebenfalls als erste Frau zur außerordentlichen Professorin ernannt zu werden. Der Frauenanteil unter den StudentInnen betrug bis zum 1. Weltkrieg ca. 7% und liegt seit den 80er Jahren über 50% während der Frauenanteil in der ProfessorInnenschaft der Wiener Universität 1997 nur 7% betrug.

13 Literatur zur Geschichte der Erfindung der Geisteswissenschaften wieder Wilhelm Dilthey 1883 *Einleitung in die Geisteswissenschaften*, Ernesto Grassi

und Thure von Uexküll 1950 *Von Ursprung und Grenzen der Geisteswissenschaften und Naturwissenschaften. Zur wissenschaftstheoretischen Beziehung von Natur- und Geisteswissenschaften,* Rupert Riedl 1985 *Die Spaltung des Weltbildes. Biologische Grundlagen des Erklärens und Verstehens.* – Zum Überblick: Theodor Bodammer 1987 *Philosophie der Geisteswissenschaften.*
Was die Entwicklung der Gliederung der Philosophischen Fakultät betrifft sind Dokumente nicht leicht zu beschaffen. Das Verfügbare wurde in Anmerkung (12) gegeben.

14 Ausführliche Literatur zur Kulturgeschichte früher Industrialisierung, der Entstehung des Industrieproletariats, ferner zur frühen Geschichte des Liberalismus und Marxismus findet sich z. B. unter www.gabrieleweis.de, http://www.uni-konstanz.de/FuF/Philo/Geschichte/Grundkurs18/Referate/ industrdtl.rtf, http://www.wiwi.uni-augsburg.de/vwl/hanusch/

15 Dokumente zur Wirtschaftsentwicklung in Deutschland und Europa allgemein finden sich z. B. unter www.gabrieleweis.de, http://www.wiso.uni-koeln.de/wigesch/ sowie unter www.thyssenkrupp.de
Informationen zu den Aufwänden von Wirtschaft und Universitäten finden sich auf www.bmbwk.gv.at sowie unter http://www.uni-bielefeld.de/soz/iw/ pdf/university.pdf. – Im 20. Jhd. stellt die Finanzierung der Forschung aus bundes- und nationalstaatlichen Mitteln das wichtigste Element dar. In den USA ist die bundesstaatliche Förderung von 1935–1965 von 25% auf 60% gestiegen und stagniert seither. Die Forschungsfinanzierung in österreich liegt mit derzeit ca. 1,83% des BIP im Mittelfeld der OECD Staaten. Im Jahr 2001 waren es ca. 54 Mrd. Euro, davon trugen der öffentliche Hand- und Unternehmenssektor ca. 40%, das Ausland ca. 19% und der gemeinnützig private Sektor ca. 0.3% bei.
Die Zusammenarbeit von Universitäten und multinationalen Unternehmen gewinnt seit ca. 100 Jahren kontinuierlich an Bedeutung, es kommt zur Erosion der Grenzziehung zwischen Universitäten und Technischen Hochschulen, gleichzeitig zum Verschwinden des unabhängigen, nichtakademischen Erfinders, zum Aufstieg der Universität als Kerninstitution der Wissensgesellschaft, zugleich aber zum Export der wissenschaftlichen Forschung in die Industrie. Die im 19. Jhd. zunächst in chemischer und elektrischer Industrie eingerichteten Forschungslaboratorien haben seither die Forschung völlig transformiert.
Gegenwärtig entfallen in OECD Ländern ca. 60–70% aller Forschungsausgaben auf industrielle Forschungslabors. Das heißt, weltweit arbeitet eine weit größere Zahl von Forschern in der Wirtschaft als im akademischen Sektor und es erfolgt eine zunehmende Finanzierung akademischer Forschung durch Wirtschaftsorganisationen: in größeren OECD Ländern ist die Finan-

zierung der Universitätsforschung durch die Wirtschaft von 1980–1990 von 3–4% auf 6–9% gestiegen, in den USA auf 20%. Ähnliches lässt sich bei der Koautorenschaft feststellen: 25% der publizierten Artikel mit peer-review haben einen Koautor aus der Industrie oder staatlich angewandten Forschungslabors.

16 Dokumente zu Planung und den Absichten und eventuell auch über das Anwachsen der Studentenzahlen und Aufwände der genannten Hochschulen sind unter www.tuwien.ac.at, www.unileoben.ac.at, www.imc.ethz.ch, http://web.mit.edu sowie unter www.cern.ch zu finden.
Die TU Wien wurde 1815 als k.k. polytechnisches Institut mit 3 Professoren und 47 Studenten gegründet. 1848 umfasste sie 1900 Hörer, 1850 16 Professoren. 1865 erfolgte die Gliederung in eine allgemeine Abteilung und vier Fachschulen: Ingenieur-, Bau-, Maschinenbau- und chemisch-technische Schule. 1901 erlangte sie Promotionsrecht, 1913 studierten 3193 Hörer an der TU, 1917 nur 825. 1919 wurden Frauen als ordentliche Hörerinnen zugelassen. 1920–1928 erfolgte die Einführung von fünf neuen Unterabteilungen. 1938 wurden 10% des Lehrkörpers vertrieben. 1944/45 studierten 538 HörerInnen an der TU, davon waren 20% Frauen. 1955 richtete man wiederum drei Fakultäten ein: Naturwissenschaften, Bauingenieurswesen und Architektur, Maschinenbau und Elektrotechnik.
2002 umfasst die TU fünf Fakultäten: Technische Naturwissenschaften und Informatik, Elektrotechnik und Informationstechnik, Maschinenbau, Architektur und Raumplanung und Bauingenieurswesen. Im WS 2001/2002 waren 15.851 StudentInnen inskribiert, davon waren 3.6% Frauen. Der TU-Anteil an Professorinnen beträgt 10.4% jener der Assistentinnen 9.9%. Das Budget, dass die TU 2002 vom Bundesministerium erhielt, betrug 124.90 Mio. Euro und somit 8.6% des Gesamtbudgets für alle österreichischen Universitäten.
Die Montanunion Leoben wurde 1840 gegründet. 1849 umfasste sie 48 Studenten. 1904 wurde sie mit den Technischen Hochschulen gleichgestellt. Ab 1955 erfolgte die kontinuierliche Einführung neuer Studienrichtungen z. B. Kunststofftechnik und Werkstoffwissenschaft, Angewandte Geowissenschaften und Industrieller Umweltschutz. 2001 waren 2471 StudentInnen inskribiert, davon waren 19% Frauen. Die Montanunion beschäftigt insgesamt 40 UniversitätsprofessorInnen und 143 akademische MitarbeiterInnen. Das Budget betrug 2001 24,965 Mio. Euro.
Die ETH Zürich wurde 1854 als Polytechnikum gegründet, heute ist sie eingebunden in den ETH-Bereich, der die technischen Hochschulen in Zürich und Lausanne und vier Forschungsanstalten umfasst. 330 ProfessorInnen und ca. 840 Lehrbeauftragte an 83 Instituten und Laboratorien pro Semester sind an der ETH Zürich die Träger von Forschung und Lehre. Über

7500 MitarbeiterInnen, darunter ca. 25% Frauen sind in Forschung, Lehre und Verwaltung tätig. Die Statistik der ETH weist derzeit etwa 11.700 inskribierte StudentInnen auf, die Ausgaben betragen ca. 1 Milliarde Franken pro Jahr.

Das MIT in Boston wurde 1865 gegründet. 2001 arbeiteten ca. 2100 ForscherInnen an Projekten, die von der Regierung, Fondationen und der Industrie gefördert wurden. MIT besitzt 956 akademische MitarbeiterInnen, davon sind 154 Frauen. 2001 bewarben sich 13,500 KandidatInnen um Aufnahme ans MIT, davon wurden 1874 (57%) aufgenommen. Das Budget betrug 2001 192.7 Mio. Dollar.

17 Literatur zum Zeitbild des Positivismus, namentlich des Neupositivismus und näheres zum ‚Wiener Kreis‘ bei Viktor Kraft 1950 *Der Wiener Kreis. Ursprung des Neopositivismus ein Kapitel der jüngsten Philosophiegeschichte*, Manfred Geier 1992 *Der Wiener Kreis*, Schlüsselarbeiten von Moriz Schlick 1918 *Allgemeine Erkenntnislehre*, Rudolf Carnap 1928 *Der logische Aufbau der Welt*, Otto Neurath *Wissenschaftliche Weltauffassung, Sozialismus und logischer Empirismus* und Hans Reichenbach 1977–1994: Gesammelte Werke in neun Bänden, herausgegeben von Andreas Kamlah. Man beachte auch Gleichgesinnte wie Bertrand Russell 1914 (deutsch 1926 erschienen) *Unser Wissen von der Außenwelt*.

Als Vorausblick ist auf Wolfgang Stegmüller 1974 aufmerksam zu machen, der im Sinne des Neopositivismus, heute der analytischen Philosophie argumentiert *Der sogenannte Zirkel des Verstehens* Derselbe 1975 zwei Bände *Hauptströmungen der Gegenwartsphilosophie*.

18 Zur Umweltproblematik findet sich vielfältige Information im web. Zu einer Voraus-Übersicht der Themen orientiere man sich zunächst bei den Eintragungen der Organisationen, z. B. www.greenpeace.org, www.wwf.org, www.vierpfoten.at

19 Als Quelle ist auf www.univie.ac.at/public/ zu verweisen.
Innerhalb des sechsten Rahmenprogramms der EU 2002–2006 sollen die Forschungsausgaben um 17 % gesteigert werden, mit den Schwerpunkten Genom-Forschung und Biotechnologie (2 Mrd. Euro), Informationstechnologie (3.6), Nanotechnologie (1.3), Weltraumforschung (1) und Lebensmittelsicherheit (0.6). Mindestens 3% des BIP sollen mittelfristig von den Mitgliedstaaten für die Forschung bereitgestellt werden.
Im Vergleich: USA 2.8%, Japan 3.1% des BIP. Insgesamt überlaufen die USA Europa bei der Unterstützung der Wissenschaft. Vor allem die Privatwirtschaft investiert in den USA viel stärker in die Forschung (1.84% des BIP) als Europa (1.09 des BIP). Im Jahr 2000 wurden in den USA 228 Mrd.

106

Euro für Forschung ausgegeben, in Europa 164 Mrd. Euro. 1994 war der Unterschied mit 51 Mrd. Euro (gegenüber jetzt 124 Mrd.) noch deutlich geringer. Der Unterschied bei der staatlichen Forschungsförderung ist niedriger.

20 Zu Hegemonie, Globalisierung und den entstehenden Anti-Amerikanismus verwende man Noam Chomsky 2001 *Die politische Ökonomie der Menschenrechte*, Hans-Peter Martin, Harald Schumann 1996 *Die Globalisierungsfalle. Der Angriff auf Demokratie und Wohlstand*, Robert Kurz 1999 *Schwarzbuch Kapitalismus. Ein Abgesang auf die Marktwirtschaft*, Rolf Winter 1989 *Ami go home. Plädoyer für den Abschied von einem gewalttätigen Land* und Benjamin Barber 2001 *Coca Cola und Heiliger Krieg. der grundlegende Konflikt unserer Zeit* (früher: *Jihad vs. McWorld*).

Literatur zu multinationalen Konzernen und deren Ausbeutungsstrategien z. B. unter www.de.indymedia.org/2002/06/23689.shtml, http://www.zeit-fragen.ch/ARCHIV/ZF_91d/T16.HTM, http://www.fau.org/neu/htm/arc/akt_1808.html, www.colonialismus.ch.

Die Anzahl der ärmsten Länder hat sich in den letzten 25 Jahren verdoppelt statt gesenkt. Asiatische und afrikanische Diktatoren haben ihren Ländern Milliarden unter den Fittichen der UNO und des IWF entwendet.

Beispiel Kolumbien: Die Lebensmittelgewerkschaft Sinaltrain strengt seit dem 20. 7. 2001 in Florida einen Prozess gegen Coca-Cola an, in welchem dem Konzern Zusammenarbeit mit paramilitärischen Gruppen, Entführungen, das Erheben falscher Vorwürfe und Teilnahme an Morden vorgeworfen werden.

Die USTC (Gewerkschaft der verstaatlichten Telecom in Kolumbien) führte vom 14.–22. Mai 2002 einen landesweiten Streik durch, um dem drohenden Verkauf der Telefongesellschaft an sieben multinationale Konzerne etwas entgegenzusetzen. Aus ökonomischer Sicht ist der Verkauf dramatisch zu bewerten, da dieser den Verlust der Souveränität der Telekommunikation als derzeit weltweit bestes Geschäft bedeutet und dazu führt, dass Gewinne direkt in ausländische Banken fließen und somit keine Reinvestition in den kolumbianischen Staatshaushalt mehr möglich ist, was zu einer Steigerung der wirtschaftlichen Krise des Landes führt.

An der kolumbianischen Grenze zu Panama vermutet man Kupfer, Nickel, Gold, Uran und Erdöl. Das Gebiet soll in Zusammenarbeit mit internatonalen Firmen in eine Wirtschaftszone verwandelt werden. Unter Clinton wurden für den „Plan Columbia" 1.3 Mrd. US$ bereitgestellt, die vor allem in die Militärrüstung gehen. Da die Erdölreserven des Landes für die USA von strategischem Interesse sind, gehören die amerikanischen Erdölkonzerne als Mitglieder der „US Columbia Partnership" zusammen mit der Rüstungsindustrie zu den Hauptförderern des „Plan Columbia".

Beispiel Mexiko: Multinationale Konzerne richten „Naturschutzreservate" ein, um Bioprospektion für den pharmazeutischen Weltmarkt zu betreiben, 45 Gemeinden sollen dafür ihre Dörfer und Felder verlassen.

Beispiel Nigeria: Multinationale Ölkonzerne sind hier seit Jahren aktiv und paktierten mit der bis 1999 herrschenden Militärdiktatur. Nigeria ist das zehntgrößte Exportland von Erdöl. Wie dort gewirtschaftet wird, lässt sich an den Auslandschulden des Landes ersehen, die 2002 30 Milliarden US$ betrugen. Der Diktator Abacha schaffte allein eine Summe von 4 Milliarden US$ außer Landes, nicht ohne Kenntnis der Wirtschaftsvertreter und der Banken.

Beispiel Papua-Neuguinea: Die Ausbeutung der enormen Bodenschätze in Irian-Jaya erfolgt durch die US-Firma Freeport, die dort seit mehr als 20 Jahren die weltweit größte Gold- und die drittgrößte Kupfermine betreibt. Die Entlöhnung der Eingeborenen bestand bis 1996 in Naturalien. Irian-Jaya ist jetzt auch noch ein von den Indonesiern widerrechtlich besetztes Gebiet. 600.000 Hektar des dort 1978 als Nationalschutzgebiet deklarierten Lorentz-Nationalparks wurden umgewidmet und der Firma Freeport zugeschlagen. 70% des Waldbestandes wurden für die Japaner zum Abholzen freigegeben. Der Widerstand der Eingeborenen wurde vom indonesischen Militär mit gewohnter Brutalität niedergeschlagen.

Beispiel Privatisierung des Wassers: 1.2 Mrd. Menschen (jeder fünfte) haben keinen Zugang zu ausreichendem und sauberen Trinkwasser. Bis 2015 soll dieser Anteil halbiert werden, was von einem ungeheuren Zynismus zeugt, denn die zur Verfügung stehende Technik würde es ohne weiteres erlauben, diese Zielgrenze um Jahre herabzusetzen. Indonesien ist z. B. eines der Länder, die am meisten unter dem Verbund der Suharto Diktatur zusammen mit dem IWF und den USA gelitten haben. Ausgerechnet dort hat ein multinationaler Konzern die vormals öffentliche Wasserversorgung in Djakarta übernommen. So gelangt Wasser zunehmend in die Hände privater Unternehmen, die sich auf einen milliardenschweren Markt vorbereiten, denn Wasser sei das Erdöl dieses Jahrhunderts.

Beispiel Europa: Der ehemalige ABB-Chef Percy Barnevik sagte 1992 im Zusammenhang mit dem sinkenden Anteil der Arbeitskräfte: „Wohin werden all diese Leute gehen? Hinausgehen müssen sie, weil wir sie nicht mehr brauchen, wenn wir Europa wirklich als einen Markt nützen werden." Es ist eine erstaunliche Einstellung, Europa als Markt lediglich für die Konzerne zu beanspruchen, eine totale Abwendung von jeglicher sozialer Verantwortung gegenüber den Millionen Arbeitslosen in Europa.

21 Literatur über Forschungsförderung zu finden z. B. unter
   http://www.uni-kanzler.de/Content/Organe/International/Japan,

108

http://www.forum.mpg.de/archiv/20000302/texte/warnecke_01.doc, www.nestle.ch, http://www.nap.edu/readingroom/books/far/es.html, http://sun.vdi-online.de/gvc/fachausschuesse/, http://wko.at/ooe/Medien/2002/10/MU23.10.IndTechno.htm, http://www.iid.de/informationen/FuEpolitikUS/RuDcouncilsUSA.pdf

Beispiel USA/Europa: 1997 lassen sich die Ausgaben für Forschung und Entwicklung (F&E) wie folgt aufschlüsseln: Industrie 73.4% (EU 62.8%), Regierung 8.2% (EU 15.3%), Universitäten 14.4% (EU 15.3%), Privat (nichtgewerblich) 3.0% (EU 0.9%).

USA: Die US-Regierung investiert in verschiedene Geschäftsbereiche, insbesondere in Departments of Defence (DoD), Commerce (DoC), Health and Human Services (DHHS) sowie Department of Energy (DoE), verfügt aber über kein gemeinschaftlich verwaltetes Budget für Forschung und Entwicklung. Neben der Regierung besitzt in den USA auch der Kongress, insbesondere das Commitee of Science, großen Einfluss auf die Gestaltung der F&E Politik.

Budget: die US-Bundesausgaben für F&E beliefen sich 1999 auf 70 Mrd. US$ im Jahr. Etwa die Hälfte wurde für Erprobung und Evaluierung von neuen Flugzeug- und Waffensystemen (DoD), von Atomwaffen (DoE) sowie für Einsätze und Evaluation der NASA verwendet. Für Grundlagenforschung wurden ca. 35–40 Mrd. US$ investiert. Der kräftige Anstieg der F&E Ausgaben der letzten 5 Jahrzehnte scheint jedoch für die nächsten Jahre zum Stillstand zu kommen, da die noch unter Clinton verabschiedeten Budgetpläne eine signifikante Reduktion der Ausgaben vorsehen.

Aktuelle Entwicklungen: In den 70er Jahren waren Raumfahrt und Energie, in den 80er Jahren Wehrtechnik und Grundlagenforschung und in den 90er Jahren die Informationstechnik im Fokus des Regierungsinteresses. Von 1992–1999 sank das F&E Budget des DoD kontinuierlich um 6.6%, während Ausgaben für zivile F&E Projekte um 8.2% zunahmen. Besondere Bedeutung für die technologische Vorherrschaft der USA wird der Informationstechnologie für das 21. Jhd. beigemessen, für die im Haushalt 2000 366 Mio. US$ veranschlagt wurden. Sie ergänzt die bisherige High Performance Computing and Communications Initiative (HPCC) und soll die Grundlagenforschung für die Entwicklung der nächsten Generation von Supercomputern und Netzwerken, sowie langfristig orientierte Anwendungsforschung fördern. Der Förderbetrag dafür soll im Haushalt 2004 auf 1.370 Mio. US$ angehoben werden.

Beispiel Österreich: die österreichische Bundesregierung will die F&E Quote auf 2.5% des BIP bis 2005 erhöhen, 2001 wurden 1.91% erreicht. Von den F&E Ausgaben in der Höhe von 4.2 Mrd. Euro stammten 2002 58% aus dem Unternehmenssektor und 42% von der öffentlichen Hand. Von der

Bundesregierung wurden zur Erreichung einer höheren F&E Quote 509 Mio. Euro als Technologiesondermittel zur Verfügung gestellt. Der Anteil der unternehmensbezogenen Forschung war 2001 in Oberösterreich am höchsten (23.4%), gefolgt von Wien (23%) und der Steiermark (16.3%).

Österreichische Technologieprofile:

1. Rübig-Gruppe: Die Rübig Firmengruppe besteht aus den Bereichen Härtetechnik, Anlagentechnik und Schmiedetechnik und führt Innovationsvorhaben in allen drei Bereichen durch. Bei einem Gesamtumsatz von 15 Mio. Euro (Exportanteil 45%) betragen die F&E Ausgaben ca. 13 Mio. In den letzten Jahren wurden 7 EU Projekte durchgeführt, sowie seit 1990 15 FFF-Projekte abgewickelt.

2. Neuson Kramer Baumaschinen AG: Die Neuson Kramer Baumaschinen AG ist als mittelständischer Kompaktbaumaschinenhersteller in drei Ländern (Österreich, BRD, UK) tätig. Der Exportanteil aus österreich beträgt ca. 95%, der F&E Anteil beträgt 3–4% vom Umsatz. F&E-Aktivitäten werden unter anderem in Kooperation mit Uni-Instituten durchgeführt, in den letzten 15 Jahren wurden zahlreiche FFF-Projekte abgewickelt.

3. Lenzing AG: Die F&E-Schwerpunkte sind Produkte, Verfahren und Technologien auf den Gebieten von zellulosischen Fasern, Zellstoffen und Chemikalien auf Basis von Holzinhaltsstoffen. Die Gesamtausgaben für F&E betrugen 2001 12 Mio. Euro, das sind ca. 2% des Umsatzes. Die Lenzing AG ist stark in EU-Rahmenprogrammen engagiert, derzeit laufen 3 Projekte. Pro Jahr werden ca. 10 FFF-Projekte abgewickelt.

Beispiel Deutschland: Die Geldgeber für F&E sind in erster Linie Bundes- und Länderministerien, auf Bundesebene vor allem das Bundesministerium für Bildung, Wissenschaft, Forschung und Technologie (BMBF) mit einem Etat von 11.3 Mrd. DM 1997, außerdem das Wirtschaftsministerium (BMWWi) und das Verteidigungsministerium (BMVg). Die öffentlichen Geldgeber brachten 1997 ca. 18 Mrd. DM für F&E auf, in Form traditioneller Projektförderung und zunehmend in Form von Leitprojekten, die hauptsächlich technologiebetont sind und die Zusammenarbeit zwischen Unternehmen, Hochschulen und außeruniversitären Forschungseinrichtungen fördern sollen. Ein weiterer, ständig wachsender Bestandteil der öffentlichen Forschungsförderung kommt von der EU, die von 1994–1998 13.1 Mrd. ECU in die europäische Forschung, v.a. in angewandte Forschung und anwendungsorientierte Grundlagenforschung investierte. Nichtöffentliche Geldgeber sind im wesentlichen Stiftungen und Industrie. In Deutschland gibt es ca. 7700 Stiftungen mit einem Gesamtvermögen von ca. 60 Mrd. DM. Unter den Stiftungen heben sich nur ganz wenige durch ihr Förderpotential hervor, so z. B. die Volkswagenstiftung, die 1997 ca. 177 Mio. DM in F&E investiert. Die Industrie hat 1997 ca. 60 Mrd. DM in F&E investiert, im wesentlichen für angewandte Forschung, die von der geldgebenden Industrie definiert und gelenkt werden.

Deutsche Forschungseinrichtungen und ihr Etat:
1. Die acht Deutschen Akademien der Wissenschaften dienen nur der Forschung und nicht der Lehre und unterhalten keine Großforschungsinstitute. Die philosophisch-historische Klasse besitzt ein deutliches übergewicht zur mathematisch-naturwissenschaftlichen Klasse. Etat 1998: 72 Mio. DM.
2. Die Universitäten und Fachhochschulen (ca. 3125) werden in ihrer F&E-Basis durch die Länder finanziert; externe Förderung kommt in beträchtlichem Ausmaß von der DFRG, der Deutschen Forschungsgemeinschaft, die 1997 für alle Disziplinen ca. 2.0 Mrd. DM vergab.
3. Die rund 80 Max-Planck Institute (MPI) betreiben mit ca. 11.000 Personen, darunter 2.700 WissenschafterInnen reine und anwendungsorientierte Grundlagenforschung und werden zu 95% aus öffentlichen Mitteln von Bund und Ländern finanziert.
4. Fraunhofer-Institute sind Non-profit-Institute für Grundlagen- und Anwendungsforschung. Es gibt 40 für zivile und sechs für Verteidigungsforschung. Die Fraunhofer-Institute beschäftigen ca. 7800 Leute, darunter 2600 WissenschafterInnen und IngenieurInnen, dass Budget betrug 1997 ca. 1.4 Mrd. DM, davon stammten 20–30% von Bund und Ländern, der Rest von privaten und öffentlichen Klienten.
5. Die Helmholtz-Gemeinschaft Deutscher Forschungszentren (HGF) beinhaltet 16 Großforschungseinrichtungen für Grundlagen- und Anwendungsforschung im Bereich der öffentlichen Wohlfahrt, Transport- und Verkehrssysteme, Luft- und Raumfahrt, Meerestechnik, Informationstechnologie, Umweltforschung und Kerntechnik. Die HGF Zentren beschäftigten 1997 ca. 23000 Personen, das Budget betrug 3.7 Mrd. DM, 90% davon stammten vom BMBF, dass somit mehr als 1/3 seines Gesamtbudgets in diesen Bereich investierte.
6. Die Wissenschaftsgemeinschaft Gottfried Wilhelm Leibniz (WGL) ist ein Zusammenschluss von 78 Forschungsinstituten und Serviceeinrichtungen für die Forschung und beschäftigt ca. 11000 MitarbeiterInnen, davon 5000 WissenschafterInnen. 1997 wurden sie mit ca. 1.2 Mrd. DM aus öffentlicher Hand (Bund und Länder) gefördert.
7. Die privatwirtschaftliche Arbeitsgemeinschaft industrieller Forschungsverbände (AiF) wird je zur Hälfte vom BMWi und der Industrie finanziert. Die finanziellen Mittel für Forschungsprojekte werden weitergeleitet, im wesentlichen an die Universitäten, an 68 AiF Institute, an Fraunhofer-Institute und an unabhängige F&E Institute. Die in der AiF zusammengeschlossenen 107 industriellen Forschungsverbände repräsentieren ca. 50.000 klein- und mittelständische Betriebe. Der Etat betrug 1997 0.8Mrd. DM.

22 Wie schon erwähnt, gibt es in Deutschland über 7700 Stiftungen 1997 mit einem Gesamtvermögen von ca. 60 Mrd. DM.

Informationen zum Stiftungswesen in Deutschland finden sich unter www.stiftungsindex.de und unter www.volkswagen-stiftung.de

Die Volkswagenstiftung ist eine gemeinnützige Stiftung privaten Rechts zur Förderung von Wissenschaft und Technik in Forschung und Lehre. Sie verfügt zur Zeit über ein Kapital von ca. 2 Mrd. Euro, wurde 1961 gegründet und hat seither 2.8 Mrd. Euro für ca. 27.000 Projekte zur Verfügung gestellt. Sie setzt ihre Möglichkeiten gezielt ein, um der Wissenschaft Impulse zu geben, neue Entwicklungen zu fördern und zukunftsträchtige Forschungsgebiete zu etablieren.

In Europa wurden 2001 ca. 113 Mio. Euro an Fördermitteln vergeben. Derzeitige Förderinitiativen finden sich namentlich im Bereich der Ingenieurswissenschaften, Neurologie, Molekularbiologie, Geisteswissenschaften, Wirtschaftsjournalismus, Politologie und Linguistik.

Weitere Stiftungen zur Förderung der wissenschaftlichen Forschung und zur Studienförderung in Deutschland sind z. B. parteinahe Stiftungen, kirchliche Begabtenförderungen und universitäre Stiftungen.

23 Informationen zu Sonderforschungsbereichen kann man unter http://www.dfg.de/forschungsfoerderung/index.html nachschlagen. Die DFG förderte 2003 275 Sonderforschungsbereiche mit einem Etat von 353.4 Mill. Euro, das entspricht 28% des Gesamtbudgets. Von den 275 Sonderforschungsbereichen entfallen 35 (12.7%) auf die Geisteswissenschaften, 110 (40%) auf die Naturwissenschaften und 64 (23.3%) auf die Ingenieurswissenschaften. Informationen zu den Max Planck Instituten unter http://www.mpg.de/pdf/jahresbericht2001/jahresbericht2001/061/065.pdf

In Österreich fördert der FWF Forschungsschwerpunkte, in etwa vergleichbar mit Sonderforschungsbereichen.

Die Zuschüsse zum Haushalt der Max Planck Institute (MPI) werden von Bund und Ländern je zur Hälfte getragen. Darüber hinaus erhalten die MPI Förderungsmittel von der EU, Zuwendungen von privater Seite, Mitgliedsbeiträge sowie Spenden und Entgelte für eigene Leistungen. Von 1990–2001 haben sich 50 Unternehmen auf der Basis von Technologien aus der Max Planck Gesellschaft heraus gegründet. 2001 hielt die Max Planck Gesellschaft einen Bestand von 881 Erfindungen und Anteile an 15 Firmen.

Im Einzelnen werden nun die Ausgaben der MPI nach Forschungsbereichen für 2002 in Mio Euro angeführt: Biologie 418, Physik 355, Geschichte und Sozialwissenschaft 103, Astronomie, Astrophysik 91, Mathematik, Informatik, Technik 47, Medizin 46, Rechtswissenschaft 39, Wirtschaftswissenschaften 5.

112

Beispiel für die Finanzierung des MPI für Züchtungsforschung in Köln-Vo-gelsang: Der Haushalt 1998 27 Mio. DM setzte sich zusammen aus Mitteln der Max Planck Gesellschaft (87%), des BMBF (1.5%), EU (8.5%), Zusammenarbeit mit Firmen (2.5%) sowie Spenden und Stiftungen (0.5%).

24 In vielen Fällen wird keine Information gegeben. Beispiel: Der Campus Vienna Biocenter (zu finden unter www.univie.ac.at/viennabiocenter/) wurde 1992 gegründet und stellt eine Kooperation zwischen Privatindustrie und Universität dar. Acht molekularbiologisch orientierte Lehrstühle der Universität Wien arbeiten hier mit verschiedenen Unternehmensgruppen zusammen z. B. Böhringer-Inglheim, Biomay, Hämosan Life Science oder VBC Genomics.

25 Empfehlenswerte Literatur: Noam Chomsky 2001 *Wirtschaft und Gewalt. Vom Kolonialismus zur neuen Weltordnung.* Besonders eindrucksvoll derselbe 2001 *Die Politische Ökonomie der Menschenrechte,* Alain de Benoist 1999 *Aufstand der Kulturen. Europäisches Manifest für das 21. Jahrhundert,* Erwin Chargaff 1980 *Das Feuer des Heraklit. Skizzen aus einem Leben vor der Natur,* Rolf Winter 1989 *Ami go home. Plädoyer für den Abschied von einem gewalttätigen Land* und eine Aufsatzsammlung von Marion Gräfin Dönhoff 1979 *Zivilisiert den Kapitalismus. Grenzen der Freiheit.*

Zu Kapitel 2

26 Quellen der Zitate sind die angegeben Lexika sowie Georgi Schischkoff 1991 *Philosophisches Wörterbuch,* ferner Rupert Riedl u. Manuela Delpos (Eds.) 1996 *Die Ursachen des Wachstums. Unsere Chancen zur Umkehr.* In Vorbereitung: Rupert Riedl mit Werner Patzelt *Wir und unsere Staaten. Ein Gesellschaftsvertrag der Abklärung,* sowie Immanuel Kant *Kritik der reinen Vernunft.* In: *Kants gesammelte Schriften,* 1911, hrsg. von der Deutschen Akademie der Wissenschaften.
Im Zweifelsfall hinsichtlich des Bildungsbegriffes im Englischen sehe man die Äquivalente in Cassell's 1975 *New German Dictionary* und Pons 1984 *New World Dictionary. Third College Edition of New World English.*

27 Schlüsselwerke dazu: Jean Antoine Nicolas de Caritat de Condorcet 1794 *Entwurf einer historischen Darstellung der Fortschritte des menschlichen Geistes* (deutsche Ausgabe 1976).
Niccolo Machiavelli 1879 *Das Buch vom Fürsten* (deutscher Nachdruck 1879), Francis Bacon *Collected works* (Nachdruck 1996), Hugo Grotius 1601 *De iure belli ac pacis libri tres,* Giovani Battista Vico 1744 *Principi di una scienza nuova d'intorno alla communa natura delle nazioni,* Michele de Montaigne *Œuvres*

complètes (Nachdruck 1995), Charles Louis Montesquieu de Secondat *Œuvres complètes* (Nachdruck 1951–1976), Jean Jaques Rousseau *Abhandlung über den Ursprung und die Grundlagen der Ungleichheit unter den Menschen* (Nachdruck 1998), Francois Marie Arouet de Voltaire *La philosophie de l'histoire* (Nachdruck 1996).

Biographien: Edmond Barincou 1958 *Niccolo Machiavelli in Selbstzeugnissen und Bilddokumenten*, Michael Szczekella 1990 *Francis Bacon und der Bakonismus*, Willem van Eysinger 1952 *Hugo Grotius. Eine biographische Skizze*, Peter Burke 1990 *Vico. Philosoph, Historiker, Denker einer neuen Wissenschaft*, René Pomeau 1989 *Voltaire*. Louis Desgraves 1992 *Montesquieu*, Georg Holmsten 1972 *Jean-Jacques Rousseau*.

Paul Richard Blum (Hrsg.) 1999 *Philosophen der Rennaissance. Eine Einführung*.

28 Die Literatur zu diesen Themen ist begreiflicherweise verstreut. Mein Aufsatz *Kultur-Parasitisamus* ist zuerst in der NÖ Zeitschrift ‚morgen' erschienen, später Rupert Riedl 2001 *Wandel in der bildenden Kunst*. In: Max Liedke (Hrsg.) *Kulturwandel*. Dort die weitere Literatur. – Zur Geschichte des Automobils verwende man z. B. www.wiso.rwth-aachen.de oder http://www.sehepunkte.historicum.net/2003/01/2898.html – Zu den Ausmaßen und Hintergründen des Prostitutionstourismus z. B. Dr. Lea Ackermann unter http://www.fes.de/fulltext/iez/00059001.htm

29 In diesem Sektor bleibt vieles verdeckt und ist nicht zugänglich. Informationen über das Human Genome Project (HGP) finden sich z. B. unter http://www.dartmouth.edu/~cbbc/courses/bio4/bio4-1997/16-HumanGenome.html, http://www.georgetown.edu/research/nrcbl/scopenotes/sn17.html sowie http://www.biol.tsukuba.ac.jp/~macer/HGR.html u.v.a.

Das HGP wurde 1990 gestartet, mit dem Ziel das gesamte menschliche Genom zu sequenzieren und alle Gene zu identifizieren. Das Projekt soll bis 2003 beendet werden. – Zum Phänomen ‚der patentierte Mensch': Bis Juni 2000 wurden bereits mehr als 2000 Patente für das menschliche Genom erhalten, 82% davon befinden sich im Privatsektor. Weitere 2000 Patente wurden bisher beim Europäischen Patentamt (EPA) eingereicht.

30 Die erste systematische Darstellung von Phasenübergängen und Emergenzen (auftauchen oder auftauchen lassen) in der Evolution stammt von Conwy Lloyd Morgan (1852-1936), englischer Psychologe und Biologe 1923 *Emergent Evolution and life*, damals noch mit metaphysischen Einschlägen. Zur Übersicht: Rudolf Metz 1935: *Die philosophischen Strömungen der Gegenwart in Großbritannien*, Band 2.

114

31 Schlüsselwerke: Erwin Chargaff 1980 *Das Feuer des Heraklit. Skizzen aus einem Leben vor der Natur*, Erwin Schrödinger: *What is Life?* (Erstausgabe 1944), zitiert aus der Ausgabe von 1977 *Was ist Leben?*, Dieter Hoffmann 1984 *Erwin Schrödinger*. In: *Biographien hervorragender Naturwissenschafter, Techniker und Mediziner*.

32 Zum Zusammenhang von Begriffsbildung, Denken, Sprachdenken und Logik siehe Rupert Riedl 1987 *Begriff und Welt. Biologische Grundlagen des Erkennens und Begreifens*. Willy Mayerthaler 1981 *Morphologische Natürlichkeit (der Sprache)*, Franz von Kutschera 1971 *Sprachphilosophie*, Noam Chomsky 1970 *Sprache und Geist* und Franz von Kutschera 1964 *Die Antimonien der Logik. Semantische Untersuchungen*.

33 Über die Geschichte der Philosophie informieren zusammenfassend Karl Vorländer 1952 *Geschichte der Philosophie*, Wolfgang Stegmüller 1952 *Hauptströme der Gegenwartsphilosophie. Eine historisch-kritische Einführung*, Wilhelm Capelle 1968 *Die Vorsokratiker*.
Zur Evolutionären Erkenntnistheorie: Konrad Lorenz 1973 *Die Rückseite des Spiegels. Versuch einer Naturgeschichte menschlichen Erkennens*, Gerhard Vollmer 1981 *Evolutionäre Erkenntnistheorie*, Rupert Riedl 1980 *Biologie der Erkenntnis. Die stammesgeschichtlichen Grundlagen der Vernunft*, derselbe 1985 *Die Spaltung des Weltbildes. Biologische Grundlagen des Erklärens und Verstehens*, derselbe 1987 *Begriff und Welt. Biologische Grundlagen des Erkennens und Begreifens*, Bernhard Irrgang 2001 *Lehrbuch der Evolutionären Erkenntnistheorie*.
Zu deren Symposien: Rupert Riedl u. Manfred Wuketits (Hrsg.) 1991 *Die Evolutionäre Erkenntnistheorie*, Rupert Riedl u. Manuela Delpos (Hrsg.) 1996 *Die evolutionäre Erkenntnistheorie im Spiegel der Wissenschaften*.

34 Das Schlüsselwerk stammt von Wilhelm Dilthey 1883 *Einleitung in die Geisteswissenschaften*, eine wirkungsvolle Kritik an dieser Zerlegung von Lord C. P. Snow 1959 (Nachdruck 1986, deutsch 1967) *The two cultures: and a second look*, ausführliche Darstellungen von Rupert Riedl 1982 *Die Spaltung des Weltbilds. Biologische Grundlagen des Erklärens und Verstehens*, dort die weitere Literatur, ferner Einzelheiten derselbe 2000 *Strukturen der Komplexität. Eine Morphologie des Erkennens und Erklärens*.

35 Lord C. P. Snow, wie schon zitiert 1959 (Nachdruck 1986, deutsch 1967) *The two cultures: and a second look*. – die obigen und folgenden Zitate aus Peter und Jean Medawar 1986 *Von Aristoteles bis Zufall. Ein philosophisches Wörterbuch der Biologie*. – Zur Reduktionismus-Diskussion Karl Kratky u. Elfriede Maria Bonet (Hrsg.) 1989 *Systemtheorie und Reduktionismus. Wiener Beiträge zur Wissenschaftstheorie*.

36 Zum Holismus naturwissenschaftliche Beiträge aus Deutschland von Adolf Meyer-Abich 1933 *Ideen und Ideale der biologischen Erkenntnis* und 1948 *Naturphilosophie auf neuen Wegen*. Schlüsselwerk für Holismus ist in den USA William Morton Wheeler's *Emergent Evolution and the social*. Zur Synergetik sind mehrere Beiträge von Herman Haken interessant z. B. 1981 *Erfolgsgeheimniss der Natur: Synergetik. Die Lehre vom Zusammenwirken*, oder 1987 *Advanced synergetics. Instability hierarchies of selforganizing systems and advices*. Zur Unterscheidung der Historizität vom Historismus gibt es interessante Werke z. B. von Grimm, Ranke gegenüber Karl Popper 1969 *The poverty of historicism*.

37 Zu Hermeneutik gibt es Einführungen und Übersichten von Emerich Corath 1969 *Grundlagen der Hermeneutik. Ein philosophischer Beitrag* und Erwin Hufnagel 1976 *Einführung in die Hermeneutik*. – Im Speziellen: Rupert Riedl 1985 *Die Spaltung des Weltbildes. Biologische Grundlagen des Erklärens und Verstehens* sowie 2000 *Strukturen der Komplexität. Eine Morphologie des Erkennens und Erklärens*. Zur Komplexität neben den oben genannten Bänden Murray Gell-Mann 1994 *Das Quark und der Jaguar. Vom Einfachen zum Komplexen* und Klaus Mainzer 1994 *Thinking in Complexity. The complex dynamics of matter, mind, and mankind*. Sicht ins Komplexe von Konrad Lorenz 1973 *The fashionable fallacy of dispensing with description*.

38 Informationen zur Interdisziplinarität finden sich z. B. unter www.fwf.ac.at oder www.dfg.de Wenn fächerübergreifende Arbeit der Karriere des Einzelnen gewiss noch nicht nützt, die Notwendigkeit zur Zusammenarbeit wird in den Förderungs-Einrichtungen schon erkannt und strukturiert: In Österreich: FWF a. Spezialforschungsbereiche: fächerübergreifend, größere Forschungsvorhaben, konzentriert an einem Standort, Laufzeit max. 10 Jahre; b. Forschungsschwerpunkte: fächerübergreifende größere Forschungsvorhaben, österreichweit auf mehrere Standorte verteilt, Laufzeit max. 6 Jahre; c. Wissenschaftskollegs: Zentren wissenschaftlichen Arbeitens auf spezifischen Gebieten, in denen hochqualifizierter Wissenschaftsnachwuchs gefördert wird. In Deutschland: DFG besitzt koordinierte Programme zur Förderung von Kooperation und Interdisziplinarität; a. Forschergruppen: Zusammenschluss mehrerer WissenschafterInnen an einem Ort; b. Schwerpunktprogramme: überregionale Kooperationen; c. Graduiertenkollegs: befristete Einrichtungen der Hochschulen zur Förderung des graduierten wissen-

116

schaftlichen Nachwuchses; d. Sonderforschungsbereiche: als international sichtbare Exzellenzzentren in begrenzter Anzahl an deutschen Hochschulen eingerichtet; e. Geisteswissenschaftliche Zentren: zur Förderung und Entwicklung der Geisteswissenschaften in den neuen Bundesländern eingerichtet.

39 Dokumente über die Unbildung von Gelehrten, wiewohl darüber viel gewitzelt wird, sind selten aus erster Hand. Ein enthüllendes Beispiel, wie zitiert, die schon genannten Peter und Jean Medawar 1986 *Von Aristoteles bis Zufall. Ein philosophisches Wörterbuch der Biologie.*
Aus zweiter Hand, wie aus Biographien, sind diese Dokumente undeutlich, von kritischer Seite nicht immer verlässlich. Und auch Ausnahmen, wie Erwin Chargaff 1980 *Das Feuer des Heraklit* sowie *Unbegreifliches Geheimnis. Wissenschaft als Kampf für und gegen die Natur* berühren das Thema eher am Rande.

40 Studienvorschriften werden an österreichischen Universitäten nach dem Universitätsstudiengesetz über Vorschläge der Studienkommissionen vom Ministerium erlassen (UniStG). Informationen zum Vergleich von nordamerikanischen und deutschen Universitäten finden sich z. B. unter http://www.forschung-und-lehre.de/archiv//06-00/kohl.html und unter http://www.studienwahl.de/tdm/feb02/text.htm.
Während in Europa die AHS, die allgemein höherbildende Schule, als Voraussetzung für den Uni-Besuch gilt und in dieser Fachwissenschaften unterrichtet werden, setzt man in den USA einen Bachelor voraus und strebt eher profund ausgebildeten Spezialisten zu.
Generell nehmen die Vorschriften für die Allgemeinbildung ab. Geschichtlich, wie man sich erinnert, ging es in der Alten Welt um Weltbilder der jeweiligen Universitäts-Stifter, mit der Gründung der Philosophischen Fakultät stand Philosophie im Bildungszentrum. Nach 1945 wurde Allgemeinbildung auf je ein Kolleg in Psychologie und Philosophie beschränkt, ab 1980 genügten ‚allgemein-vertiefende' Kollegs beliebiger Wahl. In der Neuen Welt ist auch dies nicht vorgeschrieben.

41 Karl von Frisch maturierte 1905, studierte fünf Semester Medizin in Wien, wechselte dann nach München, kehrte 1909 nach Wien zurück und promovierte 1910 über den "Farbwechsel bei Fischen" an der philosophischen Fakultät in Wien zum Dr.phil. – Konrad Lorenz begann 1922 ein Medizinstudium an der Columbia University, promovierte 1928 in Wien, schloss ein Zoologiestudium an und promovierte 1933 in Zoologie zum Dr.phil.
Im Studienführer der Wiener philosophischen Fakultät von 1928 sind keine Studienpläne angeführt, nur Ratschläge zu den einzelnen Fächern; eine Art

117

Studienplan für Naturwissenschaften gibt es zum ersten Mal im Studienführer von 1934. Chemie und Physik waren zwar Voraussetzung für das Biologiestudium, wurden aber im Studienführer 1928 als zweites Fach empfohlen.

42 Die Schlüsselarbeit zur Historizität des Kosmos und der Gesetze der Physik stammt von Walter Thirring u. Michael Stöltzner *Entstehung neuer Gesetze in der Evolution der Welt*. In: Ludwig Huber (Hrgs.) 2000 *Wie das Neue in die Welt kommt. Phasenübergänge in Natur und Kultur.*
Eine Bemerkung am Rande: Die Referate fanden schon 1991/92 im Rahmen der Seminarien ‚Wiener Beiträge zur Wissenschaftstheorie‘ statt. Uns Herausgebern war die Aufgabe geblieben alle Disziplinen die in Referaten vorgestellt waren auch als Buchkapitel erscheinen zu lassen; und wir brauchten einige Jahre um Peter Jörg Plath zu finden, der das Kapitel *Komplexität, Chemie und Leben* verfasste. Dort ist das Thema offenbar besonders schwierig.

43 Negentropie ist ein Begriff aus Erwin Schrödinger (mehrere Ausgaben; Erstausgabe 1944) *What is life?*. Er bezeichnet das Werden und den Zustand von Ordnung. In einer späteren Ausgabe bemerkt Schrödinger, dass der Begriff von seinen Kollegen mit Zögern und Befremden aufgenommen wurde. Die Physik hat sich auf ihn noch nicht eingestellt, obwohl er das Interessanteste dieser Welt ins Auge fasst; behandelt von Rupert Riedl 1975 *Die Ordnung des Lebendigen. Systembedingungen der Evolution.*

Zu Kapitel 3
44 Informationen zu verschiedenen Fonds, Stiftungen und Forschungspreisen findet man z. B. unter www.fwf.ac.at, http://www.oefg.at/oefg/, www.stiftungsindex.de sowie unter www.volkswagen-stiftung.de

45 Es gibt sehr viel Information im web über die Atombombe, aber kaum Angaben zum finanziellen Aufwand. Das Einzige das zu finden war, betrifft die Finanzierung des Manhattan Projekts unter http://www.libyen-news.de/. Das Manhattan Projekt markiert den Beginn der Entwicklung von Atomwaffen ab August 1942. 2.5 Milliarden US$ wurden dafür aus Gründen der Geheimhaltung ohne Konsultation des Kongresses bewilligt.

46 Zur Energiegewinnung bei Pflanzen für den/die Kundige Octavian Ksenzhek, Alexander Volkov 1998 *Plant Energetics*, zum Thema ‚Künstliche Photosynthese‘ Kapitel 14. Dort die weitere Fachliteratur.
Zur Wasserstoff-Technologie: Jeremy Rifkin 2002 *Die H2-Rvolution. Mit neuer Energie für eine gerechte Weltwirtschaft*, Seth Dunn 2001 *Hydrogen Futures;*

Toward a Sustainable Energy System zu finden unter:
http://www.worldwatch. org/pubs/paper/157/
Das Ökologie-Problem ist übersichtlich dargestellt bei Howard Tom Odum
1971 *Environment, Power and Society.*

47 Informationen zur Gendebatte finden sich z. B. unter
http://www.spiegel.de/wissenschaft/mensch/0,1518,238074,00.html,
www.dartmouth.edu/~cbbc/courses/bio4/bio4-1997/16-HumanGenome.html,
http://www.georgetown.edu/research/nrcbl/scopenotes/sn17.html,
http://www.biol.tsukuba.ac.jp/~macer/HGR.html,
www.lifescience.de und bei Jeremy Rifkin 2000 *Das biotechnische Zeitalter.*
Das Geschäft mit der Genetik.

48 Die Vorträge zu den Nobel-Preisen finden sich unter
http://www.nobel.se/medicine/laureates/index.html
Information zum Nitrofen Verbot und zum Nitrofen Skandal findet man z. B.
unter http://www.vistaverde.de/news/Wissenschaft/

49 Recherche: Peter Schuster 1984 *Hydrogen Bonds.*

50 Die optimistische Darstellung von Karl Popper 1960 *Logik der Forschung*, die
Korrektur von Thomas Kuhn 1967 *Die Struktur wissenschaftlicher Revolutionen.*

51 Einschlägige Literatur stammt von Antje Bultmann (Hrsg.) 1997 *Auf der*
Abschussliste; wie kritische Wissenschaftler mundtot gemacht werden sollten und dieselbe mit Friedmann Schmithals (Hrsg.) 1994 *Käufliche Wissenschaft; Exper-*
ten im Dienst von Industrie und Politik. Weitere Informationen zu der Organisation von Frau Bultmann im web z. B. unter www.buergerwelle.de

52 Information zum „dreckigen Dutzend" z. B. unter www.bwu.de
POP-Konvention: Stockholmer übereinkommen vom 23.5.2001, mit dem
die Grundlagen für das weltweite Verbot der 12 besonders gefährlichen
Chemikalien „Dirty Dozen" beschlossen wurde.

Literaturverzeichnis

Bacon F. 1996 (Nachdruck). Collected works. vol. 12. London, Routledge.

Barber B. 2001. Coca Cola und Heiliger Krieg. Der grundlegende Konflikt unserer Zeit (früher Jihad vs. McWorld). Bern, Scherz.

Barincou E. 1958. Niccolo Machiavelli in Selbstzeugnissen und Bilddokumenten. Reineke, Rowohlt.

Beck F.A.G. 1964. Greek education 450–350 BC. London, Methuen.

Benoist A. de 1999. Aufstand der Kulturen. Europäisches Manifest für das 21. Jahrhundert. Berlin, Jungeit-Verlag.

Bergel J., Blaschka A., Hemmerle J. (Hrsg.) 1954. Forschungen zur Geschichte und Landeskunde der Sudetenländer. Freysing-Salzburg, Müller.

Biagnioli M. 1999. Galilei der Höfling. Frankfurt, Fischer.

Blum P. R. (Hrsg.) 1999. Philosophen der Renaissance. Eine Einführung. Darmstadt, Wissenschaftliche Buchgesellschaft.

Boeckh A. 1966. Enzyklopädie und Methodenlehre der philologischen Wissenschaften. I. Formale Theorie der philologischen Wissenschaften. Darmstadt, Wissenschaftliche Buchgesellschaft.

Bodammer T. 1987. Philosophie der Geisteswissenschaften. Freiburg, Alber.

Brecht B. 1938/39. Leben des Galilei. Frankfurt, Suhrkamp.

Breysig K. 1936-1955. Die Geschichte der Menschheit. Bd. I-V. Berlin, De Gruyter.

Bultmann A. (Hrsg.) 1979. Auf der Abschussliste. Wie kritische Wissenschaftler mundtot gemacht werden. München, Droemer.

Bultmann A., Schmithals F. (Hrsg.) 1994. Käufliche Wissenschaft. Experten im Dienst von Industrie und Politik. München, Droemer.

Burke P. 1990. Vico. Philosoph, Historiker, Denker einer neuen Wissenschaft. Frankfurt, Fischer.

Capelle W. (Hrsg.) 1968. Die Vorsokratiker. Stuttgart, Kröner.

Carnap R. 1928. Der logische Aufbau der Welt. Berlin, Weltkreis-Verlag.

Carnap R. 1928. Scheinprobleme in der Philosophie. Berlin, Weltkreis.

Cassierer E. 1927. Individuum und Kosmos in der Renaissance. Leipzig, Teubner.

Cassierer E. 1932. Philosophie der Aufklärung. Tübingen, Mohr.

Chargaff E. 1980. Das Feuer des Heraklit. Skizzen aus einem Leben vor der Natur. Stuttgart, Klett-Cotta.

Chargaff, E. 1980. Unbegreifliches Geheimnis: Wissenschaft als Kampf für und gegen die Natur. Stuttgart, Klett-Cotta.

Chomsky N. 1970. Sprache und Geist. Frankfurt, Suhrkamp.

Chomsky N. 2001. Die politische Ökonomie der Menschenrechte. Grafenau, Trotzdem-Verlag.

Chomsky N. 2001. Wirtschaft und Gewalt. Vom Kolonialismus zur neuen Weltordnung. Lüneburg, Klampen-Verlag.

Clark K. 1969. Leonardo da Vinci. Reinbeck, Rowohlt.

Condorcet M. J. A. 1976. Entwurf einer historischen Darstellung der Fortschritte des menschlichen Geistes. Deutsche Ausgabe des Originals von 1794. Frankfurt, Suhrkamp.

Corath E. 1969. Grundlagen der Hermeneutik. Ein philosophischer Beitrag. Wien, Herder.

Desgraves L. 1992. Montesquieu. Frankfurt, Societäts-Verlag.

Dilthey W. 1883. Einleitung in die Geisteswissenschaften. Neuauflage 1973, Bd. I–VII. Göttingen, Vandenhoeck u. Ruprecht.

Dönhoff M. Gräfin von 1979. Zivilisiert den Kapitalismus. Grenzen der Freiheit. Stuttgart, Deutsche Verlags-Anstalt.

Durant W. ab 1959. Kulturgeschichte der Menschheit. Lausanne, Edition Recontre.

Ellwein T.1992. Die Deutsche Universität vom Mittelalter bis zur Gegenwart. Frankfurt, Hain.

Eysinger W. van, 1952. Hugo Grotius. Eine biographische Skizze. Basel, Schwabe.

Geier M. 1992. Der Wiener Kreis. Reinbeck, Rowolt.

Gell-Mann M. 1994. Das Quark und der Jaguar. Vom Einfachen zum Komplexen. München, Piper.

Goethe J.-W. von 1795. Morphologische Schriften. Weimar, Böhlau.

Grassi E. und Uexküll T. 1950. Von Ursprung und Grenzen der Geisteswissenschaften und Naturwissenschaften. München, Lehner

Grotius H. 1601: De iure belli ac pacis libri tres. Apud Ioannem Blaeu. Amsterdam.

Haeckel E. 1868. Natürliche Schöpfungsgeschichte. Berlin, Reiner.

Haken H. 1987. Advanced synergetics. Instability hierarchies of selforganizing systems and advices. Berlin, Springer.

Haken H. 1981. Erfolgsgeheimnisse der Natur: Synergetic. Die Lehre vom Zusammenwirken. Stuttgart, Dt. Verl.-Anst.

Hoffmann D. 1984. Erwin Schrödinger. Biographien hervorragender Naturwissenschafter, Techniker und Mediziner. Leipzig, Teubner.

Holmsten G. 1972. Jean-Jacques Rousseau. Reinbeck, Rowohlt.

Homer. Odyssee. Übertragen von Voss J. H., 1923. Wien, Hölder-Pichler-Tempsky.

Hufnagel E. 1976. Einführung in die Hermeneutik. Stuttgart, Kohlhammer.

Irrgang B. 2001. Lehrbuch der evolutionären Erkenntnistheorie. München, Reinhardt.

Jamme, C. 1988. Idealismus und Aufklärung. Stuttgart, Klett-Cotta.

Kant I. 1911 (Nachdruck). Kritik der reinen Vernunft, Prologomena.

Grundlegung zur Metaphysik der Sitten. Metaphysische Anfangsgründe der Naturwissenschaft. In: Kant's gesammelte Schriften, hrsg. von der Deutschen Akademie der Wissenschaften. Berlin, De Gruyter.

Kastinger-Riley H. 1977. Hildegard von Bingen. Reinbeck, Rowohlt.

Kessler E. 1978. Petrarca und Geschichte. München, Fink.

Kienitz F. K. 2001. Nordmänner auf Sizilien. In: Streifzüge durch das Mittelalter, Beck R. (Hrsg). München, Beck.

Kraft V. 1950. Der Wiener Kreis. Der Ursprung des Neopositivismus. Ein Kapitel der jüngsten Philosophiegeschichte. Wien, Springer.

Kratky K., Bonet E.-M. (Hrsg.) 1989. Systemtheorie und Reduktionismus. Wiener Studien zur Wissenschaftstheorie 3. Wien, Edition-S.

Ksenzhek O., Volkov A. 1998. Plant Energetics. San Diego, Acad. Press.

Kuhn T. 1967. Die Struktur wissenschaftlicher Revolutionen. Frankfurt, Suhrkamp.

Kurz R. 1999. Schwarzbuch Kapitalismus. Ein Abgesang auf die Marktwirtschaft. Frankfurt, Eichborn.

Kutschera F. von 1964: Die Antimonien der Logik. Semantische Untersuchungen. Freiburg, Alber.

Kutschera F. von 1971. Sprachphilosophie. München, Fink.

Lais H. 1956. Probleme einer zeitgemäßen Apologie. In: Theologische Literaturzeitung. Leipzig, Verlagsanstalt GmbH.

Lechner M. 1933. Erziehung und Bildung in der Griechisch-Römischen Antike. München, Hüber.

Lewis B., Pellat C., Schacht J.(eds.) 1960–1978. The Encyclopedia of Islam, vol. I-IV. Leiden, Brill.

Lorenz K. 1973. The fashionable fallacy of dispensing with description. Naturwissenschaften 60 (1): 1–9.

Lorenz K. 1973. Die Rückseite des Spiegels. Versuch einer Naturgeschichte menschlichen Erkennens. München, Piper.

Machiavelli N. 1879 (Nachdruck). Das Buch vom Fürsten (Il principe). Leipzig, Reclam.

Mainzer K. 1994. Thinking in Complexity. The complex dynamics of matter, mind, and mankind. Heidelberg, Springer.

Martin G. 1972. Platon. Reinbeck, Rowohlt.

Martin H.-P., Schumann H. 1996. Die Globalisierungsfalle. Der Angriff auf Demokratie und Wohlstand. Reinbeck, Rowohlt.

Maupertuis, PLM de 1745: Venus Physique, contenant deux dissertations, l'un sur l'origine des hommes et des animaux; et l'autre sur l'origine des noirs. Jean Matin, Le Havre.

Mayerthaler W. 1981. Morphologische Natürlichkeit. Wiesbaden, Athenaion.

Medawar P. u. Medawar J. 1986. Von Aristoteles bis Zufall. Ein philosophisches Wörterbuch der Biologie. München, Piper.

Meyer-Abich A. 1934 Ideen und Ideale der biologischen Erkenntnis. Leipzig, Barth.

Meyer-Abich A. 1948 Naturphilosophie auf neuen Wegen. Stuttgart, Hippokrates.

Mirandola, Pico della G. 1486. De dignitate hominis, Heptaplus, De ente et uno e scritti vari. (deutsch 1942). Firenze, Vallecchi.

Montaigne M. de 1995 (Nachdruck). Oeuvres complètes. Paris, Gallimard.

Montesquieu C. L. de Secondat de 1951–1976 (Nachdruck): Oeuvres complètes. Ed. R. Callais. Paris, Gallimard.

Morgan C. L. 1923. Emergent Evolution. London, Williams & Norgate.

Neurath O. 1979. Wissenschaftliche Weltauffassung, Sozialismus und logischer Empirismus. Frankfurt, Suhrkamp.

Pomeau R. 1989. Voltaire. Paris, Edition du Seuil.

Popper K. 1960. Logik der Forschung. Tübingen, Mohr.

Popper K. 1969. The poverty of historicism. Das Elend des Historizismus. Tübingen, Mohr.

Reichenbach H. 1977–1994. Gesammelte Werke in neun Bänden, Kamlah A.(Hrsg). Braunschweig, Vieweg.

Riedl R. 1975. Die Ordnung des Lebendigen. Systembedingungen der Evolution. Hamburg, Parey.

Riedl R. 1985. Die Spaltung des Weltbildes. Biologische Grundlagen des Erklärens und Verstehens. Hamburg, Parey.

Riedl R. 1987. Begriff und Welt. Biologische Grundlagen des Erkennens und Begreifens. Hamburg, Parey.

Riedl R., Delpos M. (Hrsg.) 1996. Die Ursachen des Wachstums. Unsere Chancen zur Umkehr. Wien, Kremayr.

Riedl R., Delpos M. (Hrsg.) 1996. Die evolutionäre Erkenntnistheorie im Spiegel der Wissenschaften. Wien, WUV.

Riedl R. 2000. Strukturen der Komplexität. Eine Morphologie des Erkennens und Erklärens. Heidelberg, Springer.

Riedl R. 2001. Wandel in der bildenden Kunst. In: Liedke M. (Hrsg.) Kulturwandel. Graz, Austria Medien.

Riedl R. in Huber L. 2003. Wie das Neue in die Welt kommt. Phasenübergänge in Natur und Kultur. Wien, WUV

Riedl R., Patzelt W. Wir und unsere Staaten. Ein Gesellschaftsvertrag der Abklärung. In Vorbereitung.

Rifkin J. 2002. Die H2-Rvolution. Mit neuer Energie für eine gerechte Weltwirtschaft. Frankfurt, Campus-Verlag.

Rousseau J. J. 1998 (Nachdruck). Abhandlung über den Ursprung und die Grundlagen der Ungleichheit unter den Menschen. Hrsg, übers. P. Rippel. Stuttgart, Reclam.

Russell B. 1914. Our Knowledge of the Externals World as a Field for Scientific Method in Philosophy. London. (dt. Übersetzung 1926: Unser Wissen von der Außenwelt. Leipzig, Meiner).

Schischkoff G. 1991. Philosophisches Wörterbuch; begründet von Heinrich Schmidt. Stuttgart, Kröner.

Schlick M. 1918. Allgemeine Erkenntnislehre. Berlin, Springer.

Schneider W. 1974. Die wahre Aufklärung. Alber, Freiburg.

Schreiber R. 1954. Studien zur Geschichte der Karlsuniversität zu Prag. In: Forschungen zur Geschichte und Landeskunde der Sudetenländer, Bergel J., Blaschka A. und Hemmerle J.(Hrsg.). Freysing-Salzburg, Müller.

Schrödinger E. 1977. What is life? Cambridge Univ. Press, London. Erstausgabe 1944. Zitiert aus Ausgabe: Was ist Leben? München, Lehner.

Szczekella M. 1990. Francis Bacon und der Bakonismus. Frankfurt, Lang.

Schuster P. 1984. Hydrogen Bonds. Berlin, Springer.

Schwabl H. 1958. Weltschöpfung. Paulys Realencyclopädie der classischen Altertumswissenschaft. Stuttgart, Druckenmüller.

Snow C.P. 1959. The two cultures: and a second look. Reprint 1986. Cambridge, Univ. Press.

Spranger E. 1980. Grundlagen der Geisteswissenschaften. Gesammelte Schriften. Tübingen, Niemeyer.

Stegmüller W. 1974. Der sogenannte Zirkel des Verstehens. In: Hübner K., Henne A. (Hrsg.), Reinbeck, Rowohlt.

Stegmüller W. 1975. Hauptströmungen der Gegenwartsphilosophie, Bd. I u. II. Stuttgart, Kröner.

Thirring W, Stöltzner M. 1994. Entstehung neuer Gesetze in der Evolution der Welt. Naturwissenschaften 81: 243.

Weiss, H., Klaus, W. 2003: Das neue Schwarzbuch der Markenfirmen. Die Machenschaften der Weltkonzerne. Wien, Deuticke.

Windelband W. 1892. Die Geschichte der Philosophie. Tübingen, Mohr.

Winter R. 1989. Ami go home. Plädoyer für den Abschied von einem gewalttätigen Land. Hamburg, Rasch u. Röhring.

Vico G. B. 1744. Principi di una scienza nuova d'intorno alla commuma natura delle nazioni. Übers. E. Auerbach, 2000. Berlin, De Gruyter.

Vollmer G. 1981. Evolutionäre Erkenntnistheorie. Stuttgart, Hirzel.

Voltaire F. M. A. de 1996 (Nachdruck). La philosophie de l'histoire. Texte intégral d'après l'édition de 1765. Genève, Slatkine.

Vorländer K. 1952. Geschichte der Philosophie. Hrsg. v. J. Hoffmeister. Berlin, Kiepenheuer.

Wheeler W. M. 1927. Emergent Evolution and the social. London, Kegan, Paul, Trench, Trubner.

Wyrozumsky J.(ed.) 2000. The history of the Jagiellonian University. Krakau. In: Forschungen zur Geschichte und Landeskunde der Studentenlaender.

Neue Medien

Bildungskanon im Mittelalter:
Johanneum Lüneburg 1999
http://www.fh-lueneburg.de/u1/gym03/expo/jonatur/geistesw/klassik/liebleid/
  bildkano.htm

Geschichte des Schrifttums und der Bibliotheken:
http://biblio.unibe.ch/stub/vorl96/index.html#01

Nikolaus Kopernikus:
The Columbia Encyclopaedia 6th Edition, 2002. Col. Univ. Press;
http://www.bartleby.com/65/co/Copernicus.html

Johannes Kepler:
David Koch; www.kepler.arc.nasa.gov/johannes.html
Van Helden Albert 1995;
http://es.rice.edu/ES/humsoc/Galileo/People/kepler.html
Fowler Michael 1996;
http://www.phys.virginia.edu/classes/109N/1995/lectures/kepler.html
Field J. V.;
http://www-gap.dcs.st-and.ac.uk/~history/Mathematicians/Kepler.html

Bücher, Studenten, akad. Grade in der Universität des Mittelalters:
Zahn Peter Prof. 1997; www.ib.hu-berlin.de/~pz/zahnpage/librdisc.htm

Universität Parma:
www.unipr.it

Universität Bologna:
www.unibo.it

Universität Modena:
www.unimo.it

Universität Paris:
www.univ-paris1.fr

Universität Prag:
http://www.cuni.cz/cuni/history/historie.html.cs

Universität Wien:
www.univie.ac.at

Aufklärung und Geschichte der Bildung im 18. Und 19. Jhd.:
Weis Gabriele; www.dialog-frieden-fairness.de
http://www.wissen.swr.de/sf/begleit/bg0007/bg_ag07e.htm

Antoine Lavoisier:
The Columbia Enzyclopedia 6th Edition, 2002. Col. Univ. Press;
http://www.bartleby.com/65/la/Lavoisie.html
Garder Larson Philipp; www.lexcie.zetnet.co.uk/virginia-lavoisier.htm
The Chemical Heritage Foundation 2000;
http://www.chemheritage.org/EducationalServices/chemach/fore/all.html
English Department of the University of Pennsylvania;
http://www.english.upenn.edu/~jlynch/Frank/People/lavois.html

Massachusets Institute of Technology:
web.mit.edu/facts

ETH Zürich:
www.imc.ethz.ch/fbprof/199912

TU Wien:
www.tuwien.ac.at

Montanunion Leoben:
www.unileoben.ac.at

CERN:
www.cern.ch

Universität Krakau:
www.uj.edu.pl/dispatch.jsp?item=universytet/historia/historia.txt

Industrialisierung:
Weis Gabriele; siehe oben.
http://www.uni-konstanz.de/FuF/Philo/Geschichte/Grundkurs18/Referate/
industrdtl.rtf
http://www.wiwi.uni-augsburg.de/vwl/hanusch/

Wirtschaftsentwicklung in Deutschland und Europa:
Weis Gabriele; siehe oben.

126

Pierenkumper Prof.; http://www.wiso.uni-koeln.de/wigesch/
www.thyssenkrupp.de

Aufwände von Wirtschaft und Universitäten:
www.bmbwk.gv.at
Stichweh Rudolf Prof.; www.uni-bielefeld.de/soz/iw/pdf/university.pdf

Multinationale Konzerne und deren Ausbeutungsstrategien:
www.de.indymedia.org/2002/06/23689.shtml
Auerbach Doris 2002; http://www.zeit-fragen.ch/ARCHIV/ZF_91d/T16.HTM
http://www.fau.org/neu/htm/arc/akt_1808.html
www.colonialismus.ch

Forschungsförderung
http://www.hochschule-innovativ.de/
http://www.uni-kanzler.de/Content/Organe/International/Japan
Weinecke Hans Jürgen Prof. 1998;
http://www.forum.mpg.de/archiv/20000302/texte/warnecke_01.doc
www.galen.org
www.nestle.ch
www.nap.edu/readingroom/books/far/es.html
www.sun.vdi-online.de/gvc/fachausschüsse
www.wko.at/ooe/medien/2002/10/MU23.10.IndTechno.html
Kernchen R. Dr. 1999
http://www.iid.de/informationen/FuEpolitikUS/RuDcouncilsUSA.pdf
www.volkswagen-stiftung.de
www.dfg.de/forschungsförderung
http://www.mpg.de/pdf/jahresbericht2001/jahresbericht2001_061_065.pdf

Geschichte des Automobils:
www.wiso.rwth-aachen.de
http://www.sehepunkte.historicum.net/2003/01/2898.html

Prostitutionstourismus:
Ackermann Lea Dr.; http://www.fes.de/fulltext/iez/00059001.htm

Human Genome Project:
www.dartmouth.edu/~cbbc/courses/bio4/bio4-1997/16-HumanGenome.html
www.georgetown.edu/research/nrcbl/scopenotes/sn17.html
Nawa Kotaro Prof.; www.biol.tsukuba.ac.jp
www.inserm.fr./ethique/etheng.nsf
http://www.lifescience.de/

Vergleich nordamerikanischer und deutscher Universitäten:
www.forschung-und-lehre.de/archiv/06-00/kohl.html
www.studienwahl.de/tdm/feb02/text.htm

Fonds, Stiftungen und Forschungspreise:
www.fwf.ac.at
http://www.oefg.at/oefg/
www.stiftungsindex.de
Volkswagen-Stiftung: siehe oben

Manhattan Projekt:
http://www.libyen-news.de/

Gendebatte:
www. spiegel.de/wissenschaft/mensch/0,1518,238074,00.html

Nobel Laureaten:
http://www.nobel.se/medicine/laureates/index.html

Nitrophen Skandal:
http://www.vistaverde.de/news/Wissenschaft/

Antje Bultmann:
www.buergerwelle.de

Dreckiges Dutzend:
www.bwu.de